穿越百年中国梦

吕章申题

国家出版基金项目
NATIONAL PUBLICATION FOUNDATION

顾　问：吕章申
主　编：陈履生
副主编：白云涛

穿越百年中国梦

两种命运大决战

写给孩子的党史学习教育读本

王海蛟◎著

SPM
南方出版传媒
新世纪出版社
·广州·

图书在版编目（CIP）数据

两种命运大决战 / 王海蛟著 . — 广州 : 新世纪出版社，2017.12
（2021.12 重印）

（穿越百年中国梦 / 陈履生主编）

ISBN 978-7-5583-1006-5

Ⅰ . ①两… Ⅱ . ①王… Ⅲ . ①第三次国内革命战争—少年
读物 Ⅳ . ① K266.09

中国版本图书馆 CIP 数据核字（2017）第 296928 号

版权所有　侵权必究

出 版 人：陈少波　　　　　　　策　划：宁　伟
责任编辑：宁　伟　　　　　　　特约编辑：耿　谦
排版设计：大有图文　　　　　　责任校对：陈　雪

两种命运大决战 LIANG ZHONG MINGYUN DA JUEZHAN

王海蛟 / 著

出版发行：新世纪出版社
　　　　　（广州市大沙头四马路 10 号）
经　　销：全国新华书店
印　　刷：天津画中画印刷有限公司
规　　格：880mm×1230mm　1/32
印　　张：4.25
字　　数：62 千字
版　　次：2017 年 12 月第 1 版
印　　次：2021 年 12 月第 5 次印刷
书　　号：ISBN 978-7-5583-1006-5
定　　价：22.50 元

如发现印装质量问题，影响阅读，请联系调换：
北京广版新世纪文化传媒有限公司
销售热线：010-65545429

［书中图片由中国国家博物馆提供］

VR融媒党史云课堂
党史学习就在我身边

目　录
contents

《穿越百年中国梦》总序

　　2012 年 11 月 29 日，党的十八大闭幕刚刚半个月，习近平总书记率领新一届中央政治局常委和中央书记处的同志，来到中国国家博物馆参观《复兴之路》基本陈列。

　　那天上午，习总书记一行轻车简从，9 时许来到国家博物馆，进入《复兴之路》展厅参观。一件件实物，一幅幅照片，一张张图表，一段段视频，把我们带回到近代以来跌宕起伏、波澜壮阔的难忘岁月。在 19 世纪末列强割占领土、设立租借地、划分势力范围示意图前，在鸦片战争期间虎门抗英的大炮前，在反映辛亥革命的文物和照片前，在《共产党宣言》第一个中文全译本前，在中华人民共和国第一面五星红旗前，在党的十一届三中全会照片前，习总书记不时停下脚步，认真观看，详细询问相关历史背景和文物情况。

　　在参观期间，习总书记发表了重要讲话。他说，《复兴之路》这个展览，回顾了中华民族的昨天，展示了中华民族的今天，宣示了中华民族的明天。中华民族的昨天，可以说是"雄

中国国家博物馆原馆长　　吕章申

关漫道真如铁"。近代以后，中华民族遭受的苦难之重、付出的牺牲之大，在世界历史上都是罕见的。但是，中国人民从不屈服，不断奋起抗争，终于掌握了自己的命运，开始了建设自己国家的伟大进程，充分展示了以爱国主义为核心的伟大民族精神。中华民族的今天，正可谓"人间正道是沧桑"。改革开放以来，我们总结历史经验，不断艰辛探索，终于找到了实现中华民族伟大复兴的正确道路，取得了举世瞩目的成果。中华民族的明天，可以说是"长风破浪会有时"。经过鸦片战争以来170多年的持续奋斗，中华民族伟大复兴展现出光明的前景。现在，我们比历史上任何时期都更接近中华民族伟大复兴的目标，比历史上任何时期都更有信心、有能力实现这个目标。讲到这里，总书记环顾大家，深情阐述"中国梦"。他说："现在大家都在讨论中国梦，我以为，实现中华民族伟大复兴，就是中华民族近代以来最伟大的梦想。这个梦想，凝聚了几代中国人的夙愿，体现了中华民族和中国人民的整体利益，是每一个中华儿女的共同期盼。……实现中华民族伟大复兴是一项光荣而艰巨的事业，需要一代又一代中国人共同为之努力。……我坚信，到中国共产党成立一百年时全面建成小康社会的目标一定能实现，到新中国成立一百年时建成富强民主文明和谐的社会主义现代化国家的目标一定能实现，中华民族伟大复兴的梦想一定能实现。"

我有幸全程陪同习总书记参观，为总书记一行讲解展览，并现场聆听习总书记关于"中国梦"的重要讲话，感受颇深，终生难忘。习总书记提出实现中华民族伟大复兴的"中国梦"，是时代的最强音，凝聚了全球中华儿女的心，成为激励中华儿女团结奋进，实现中华民族伟大复兴的一面精神旗帜。

《复兴之路》基本陈列回顾了1840年鸦片战争以来一百多年间，陷入半殖民地半封建社会深渊的中国各阶层人民，在屈辱和苦难中奋起抗争，为实现民族复兴进行的种种探索，特别是中国共产党领导各族人民争取民族独立、人民解放、国家富强、人民幸福的光辉历程。习总书记参观《复兴之路》并提出实现中华民族伟大复兴的"中国梦"命题后，中央国家机关、部队、企事业单位、社区街道、社会团体、学校等纷纷来到中国国家博物馆，沿着习总书记的足迹，参观《复兴之路》展览。《复兴之路》展览成为爱国主义教育的重要课堂。

2014年，习总书记在有关讲话和批示中指出，历史是最

好的教科书，博物馆要让文物活起来，让文物说话，把历史智慧告诉人们，激发民族自豪感，坚定全体人民振兴中华、实现中国梦的信心和决心。中国国家博物馆和广东新世纪出版社有限公司落实习总书记的指示，以《复兴之路》基本陈列为基础，经过三年多艰苦工作，编写和出版了这套《穿越百年中国梦》丛书。组织和参与编写这套丛书的同志，大多数参加了《复兴之路》内容设计和布展工作，有的还现场聆听了习总书记关于"中国梦"的重要讲话。他们对《复兴之路》基本陈列不但理解深刻，而且怀有深厚感情。

习总书记指出：中国梦归根到底是人民的梦。有梦想，有机会，有奋斗，一切美好的东西都能够创造出来。习总书记希望广大青少年要勇敢肩负起时代赋予的重任，志存高远，脚踏实地，努力在实现中华民族伟大复兴的中国梦的生动实践中放飞青春梦想。

我相信，在中国共产党即将迎来百年华诞这个重大历史时刻，这套丛书的重印出版，对广大青少年牢记习总书记"不忘初心"的嘱托，更好地开展党史学习教育，增强实现中华民族伟大复兴中国梦的责任感，一定会起到促进作用。

吕章申

前　言

中国现代史学会会长　郭德宏

中华民族是一个有着自己梦想，特别是美好社会理想的民族。

两千多年前，我们的古圣先贤就有"小康"和"大同"的社会理想。那时的"小康"理想，就是家家丰衣足食，人人遵守礼仪，互相谦让。那时的"大同"理想，就是天下人如同一家人，家家幸福，人人愉快，"路不拾遗，夜不闭户"。由于历代封建统治者都不代表广大的人民群众利益，古圣先贤的"小康"和"大同"社会理想都没有实现。

勤劳智慧的中国人民，创造了光辉灿烂的古代文明：强盛的汉代，繁荣的唐代，辽阔的元代，清初的盛世。那时，与世界上其他大多数国家和地区相比，中国富饶、强盛、文明、进步。用现代语言表述，那时的中国是"发达国家"，其他那些国家和地区则是"发展中国家"。然而，由于帝国主义入侵和封建主义统治腐败，中国落后了。从 1840 年鸦片战争中国战败到 19 世纪末，中国逐渐沦为半殖民地半封建社会，陷入将要亡国灭种的深渊。

从 1840 年鸦片战争开始，当时一些思想先进的中国人就寻求救国救民之道。林则徐、魏源开眼看世界，地主阶级的洋务运动，资产阶级维新派的戊戌变法，都试图在不根本触动封建统治的前提下富国强兵，但是都失败了。1894 年孙中山创立革命团体兴中会，首次提出"振兴中华"口号。1902 年康有为完成《大同书》的写作，期望中国实现古圣先贤所憧憬的大同世界。1902 年梁启超发表《新中国未来记》，1904 年蔡元培发表《新年梦》，都憧憬中华复兴，雄立世界。近代以来，每一个中国人都满怀着复兴中国、振兴中华的梦想。但在半殖民地半封建社会的旧中国，中国人民的这一梦想不但没有实现，反而遭受着越来越严重的民族苦难。

1921 年，伟大的中国共产党成立，超越古圣先贤"小康"和"大同"的社会理想，提出了夺取反帝反封建胜利、建立人民当家做主政权、最终实现人类最美好最理想的共产主义社会的奋斗目标。中国共产党肩负起民族独立、人民解放的历史重任，领导中国人民，经过浴血奋战，于 1949 年建立了人民当家做主的中华人民共和国。新中国成立，是中华民族由衰落走向强盛的历史转折点，开启了中华民族伟大复兴的新纪元。

中华人民共和国成立后，毛泽东、周恩来等老一辈革命家，领导全国各族人民为实现国家富强、人民共同富裕的新的历史任务而奋斗。在党的领导下，中国确立了社会主义基本制度，成功实现中国历史上最伟大最深刻的社会变革，为中华民族的伟大复兴奠定了制度基础。与此同时，中国共产党领导全国人民进行大规模经济建设和文化建设，取得了旧中国几百年几千年所没有取得的成就，为实现中华民族伟大复兴奠定了基本的物质基础。

1978 年改革开放以来，以邓小平、江泽民、胡锦涛同志为主要代表的中国共产党人，全面推进社会主义现代化建设。神州大地，生机勃发。2010 年，中国 GDP（国内生产总值）上升至 40 万亿元人民币，成为仅次于美国的世界第二大经济体，并一直保持至今。伴随着各方面的迅猛发展，中国迅速走向繁荣，国际地位不断提高，国际影响日益扩大。中国步入世界强国之列，为实现中华民族伟大复兴创造了现实条件。

2012 年 11 月 29 日，习近平总书记率领新一届中央政治局常委和中央书记处的同志参观中国国家博物馆《复兴之路》基本陈列。习总书记在这里向全世界宣示"中国梦"，重申"两个一百年奋斗目标"，既是中国共产党对全国人民的郑重承诺，是党和国家面向未来的政治宣言，也是中华民族伟大复兴的总动员。中国的伟大发展，又一次站在新的历史起点上；中华民族的伟大复兴，揭开了历史新篇章。

以习近平同志为核心的党中央，"不负重托，不辱使命"，在实现中华民族伟大复兴中国梦的推动下，国民经济继续稳步发展，中国的国际地位更加提高，国际影响力更加扩大。我们现在比历史上的任何时期都更加接近中华民族伟大复兴这个目标，我们现在比历史上任何时期都有信心、有能力实现这个目标。

中国梦连接着过去与现在、历史与未来，连接着国家与个人、中国与世界。拥有五千多年文明历史的中华民族，曾经创造了辉煌的古代文明，走在世界前列，为人类社会发展做出了巨大的贡献。今天，中华民族的伟大复兴，不仅造福中国人民，而且造福世界人民。已经步入世界发展中大国的中国，理应承担起大国责任，对人类社会的发展进步，做出更大的贡献。

《穿越百年中国梦》丛书回顾了1840年鸦片战争以来一百多年间，陷入半殖民地半封建社会深渊的中国各阶层人民，在屈辱和苦难中奋起抗争，为实现民族复兴进行的种种探索，特别是回顾了中国共产党领导全国各族人民争取民族独立、人民解放、国家富强、人民幸福的光辉历程。这套丛书深刻揭示了历史和人民为什么和怎样选择了马克思主义，选择了中国共产党，选择了社会主义道路，选择了改革开放；深刻揭示了历史和人民为什么必须始终坚持高举中国特色社会主义伟大旗帜不动摇，坚持中国特色社会主义道路不动摇；昭示出没有共产党就没有新中国，就没有中国特色社会主义，只有社会主义才能救中国，只有改革开放才能发展中国、发展社会主义、发展马克思主义。

我相信，这套丛书的出版，能够使广大青少年读者更加深入地了解中华民族近代以来反对外来侵略史、人民解放的抗争史，了解中国共产党领导全国各族人民为中华民族伟大复兴而奋斗的创业史和改革开放史，为实现国家富强、民族振兴、人民幸福的中华民族伟大复兴的中国梦，夺取新时代中国特色社会主义伟大胜利，提供令人振奋的精神动力。

郭德宏

VR融媒党史云课堂
党史学习就在我身边

抗日战争胜利后，中国人民热切希望实现和平民主，休养生息，重建家园。中国共产党从人民的根本愿望出发，主张团结一切爱国民主力量，把中国建设成为独立、自由、民主、统一、富强的新国家。国民党统治集团则企图继续维持其独裁统治。中国革命由此进入一个两种命运、两个前途决战的新时期——全国解放战争时期。

两种命运大决战

国民党挑起全面内战后，人民解放军先后粉碎了国民党军的全面进攻和重点进攻，使人民解放战争由战略防御转入战略进攻，并通过辽沈、淮海、平津三大战略决战，基本消灭了国民党军队主力。1949年4月，人民解放军强渡长江，解放南京，延续22年的国民党反动统治宣告覆灭。

第一章

内战阴霾

VR融媒党史云课堂
党史学习就在我身边

1. 和平、民主、团结方针的提出

经过十四年浴血奋战，中国人民最终取得了抗日战争的伟大胜利。历经战争劫难的中国人民渴望和平，迫切需要一个和平安定的环境，休养生息，重建家园。

战后的国际、国内形势，总体来说对中国人民是有利的。国际上，经过第二次世界大战，一方面，德、意、日 3 个法西斯国家被打败，英、法等强国受到很大削弱，资本主义阵营的总体力量有所下降；另一方面，社会主义国家苏联进一步巩固，东欧、亚洲部分国家开始建立人民民主制度，亚、非、拉的民族解放运动空前高涨，各资本主义国家的工人运动和人民斗争广泛开展。在国内，中国人民的觉悟程度和组织程度空前提高，特别是中国共产党领导的人民革命力量，得到前所未有的发展壮大。人民军队发展到 120 余万人，民兵发展到 260 万人，抗日民主根据地面积达到近 100 万平方千米，人口近 1 亿。国民党统治区的民主力量也有了很大发展，各民主党派纷纷发表自己的政治宣言和主张，形成了强大的和平民主的洪流，对战后的国内政局起着巨大的影响作用。

在抗战胜利之初的重要历史转折关头，中国共产党通过对国际、国内形势的深刻分析，提出我党在这个阶段的主要任务是贯彻执行党的七大制定的政治路线。针对抗战胜利后蒋介石集团抢夺抗战胜利果实和消灭人民革命力量的企图，中共中央决定继续放手发动群众，坚决保卫人民的胜利成果，巩固已有的阵地，扩大解放区和人民军队；同时，在不放松武装自卫的条件下，与国民党进行谈判，力争实现和平建国。

1945 年 8 月 13 日，中共中央主席毛泽东做了题为

《抗日战争胜利后的时局和我们的方针》的报告，指出抗日战争的阶段过去了，新的情况和任务是国内斗争，中国共产党要围绕两个方面开展工作：一方面要"坚决反对内战，不赞成内战，要阻止内战"；另一方面，必须对蒋介石可能发动的全面内战切实做好相应的准备，以军事自卫对付国民党政府的军事进攻。

8月23日，毛泽东在中共中央政治局扩大会议上进一步确定了中共对待国民党的方针：以斗争达到团结，做到有理、有利、有节，迫使国民党在一定程度上接受人民的要求，实施一定的政治改革，以推进国内和平，建立联合政府，逐步实现政治民主化。毛泽东把中国共产党对蒋介石的政策形象地称之为"洗脸"。

为全面阐述中国共产党在新形势下的方针，8月25日，中共中央发表《中国共产党中央委员会对目前时局宣言》，明确提出了"和平、民主、团结"三大口号。《宣言》指出，在日本帝国主义投降后，中国人民的和平建设时期已经到来，全国人民的任务是"巩固国内团结，保卫国内和平，实行民主，改善民生，以便在和平民主

《中国共产党中央委员会对目前时局宣言》

团结的基础上，实现全国的统一，建设独立自由与富强的新中国"。《宣言》要求国民党政府实行"承认解放区的民选政府和抗日军队""严惩汉奸，解散伪军""承认各党派合法地位""立即召开各党派和无党派代表人物的会议"等避免内战、实现民主政治的紧急措施。

中国共产党声明：我们愿意与中国国民党及其他民主党派努力求得协议，以期各项紧急问题得到迅速解决，并长期团结一致，彻底实现孙中山先生的三民主义。中

历史掌故

蒋介石的三道命令

　　抗战结束时，摆在中国共产党面前的首要问题，就是争取对日本侵华军队的受降权，迅速解除日伪武装，收复失地，扩大解放区。但蒋介石为独吞全国军民的抗战胜利果实，垄断对日受降权，于1945年8月11日连下三道命令：第一道命令，要求解放区的人民军队"原地驻防待命"，不得向敌伪"擅自行动"；第二道命令，要求国民党军队"积极推进""勿稍松懈"；第三道命令，要求投降伪军"切实负责维持地方治安"，抵抗人民军队受降。同时，蒋介石还通过多种渠道通知日本侵略军拒绝向中国共产党及人民军队投降。

国共产党从人民的根本愿望出发，主张团结一切爱国民主力量，把中国建设成为独立、自由、民主、统一、富强的新国家，为人民勾勒出了新中国的光明前途。

2. "五子登科"

　　日本帝国主义宣布投降后，国民党政府当即派出大批军政官员到沦陷区进行接收。当时，国民党政府将沦陷区划分为苏浙皖、湘鄂赣、粤桂闽、冀察热、鲁豫晋、东北和台湾7个接收区，然后分别派军队和官员前往接收。

据不完全统计，国民党接收的日、伪工厂有2 411个，价值约达20亿美元；接收日本侵占中国人民的大量物资、金银、房地产、仓库等，约值10亿美元以上。根据国民党政府行政院公布的数字，共接收日、伪物资价值6 200亿元法币。然而，实际数字远不止此。这批资产形式上是由日、伪占有转移为国民党政府所有，实际上则完全由国民党官僚资本集团控制。蒋、宋、孔、陈"四大家族"打着"接收"的旗号，大肆攫取，其财富骤增至200亿美元，达到了中国官僚资本发展的顶峰。

国民党官僚资本集团还凭借政治上的特权，甚至起用汉奸、地痞、流氓欺压人民，将大量民营企业和资产说成是日、伪敌产，以"接收"名义加以侵吞，导致大批民族工商业破产。如上海原有民营工厂3 419家，接收过后，倒闭的多达2 597家，占原有工厂数的75%。

倒闭后的商铺

在日、伪统治下长期艰难经营、受尽煎熬的民族资本主
义工商业，抗战胜利后竟遭到如此严重的掠夺和摧残，
使许多民族工商业者极为气愤和失望。

在接收过程中，国民党政府的各级接收机构和官员
甚至竞相抢掠，大发横财。接收的物资在上报时经常是

多变少、好变坏、坏变无；最初瓜分或盗卖的，等到不能交代时，甚至一把火烧毁。北平被接收的日、伪物资，入库的数量不足 1/5，其余绝大部分被接收官员据为己有。国民党上海市党部主任委员吴绍澍，利用职权侵吞日、伪房产 1 000 余幢，汽车 800 余辆，金条 1 万多根；上海市长钱大钧，盗卖日、伪物资价值法币 42 亿元。人们把这种接收讽刺为"三阳（洋）开泰"（捧西洋、爱东洋、要现洋）和"五子登科"（位子、金子、房子、车子、女子），称这样的接收为"劫收"。这种"劫收"充分暴露了国民党统治集团的腐败堕落。

抗战胜利时，收复区人民曾对国民党政府抱有很大希望。然而事实却如人们所说的，"想中央，盼中央，中央来了更遭殃"。

国民党政府的"劫收"，使人民对它的希望迅速归于破灭。1945 年 9 月 27 日《大公报》发表的社评指出，国民党政府的接收行为"几乎把京沪一带的人心丢光了"。10 月 24 日，《大公报》发表的《为江浙人民呼吁》的社评，称接收给广大人民带来"一片胜利的灾难"。美国政府中的一些高官也承认："国民党的文武官员在自日本手中收复之地区中的举止，已使国民党迅速地在这些区域中丧失了人民的支持和他们自己的声望。"一位负责经济接收工作的国民党政府要员也向蒋介石当面进言：这样的接收使政府"基础动摇，在一片胜利声中，早已埋下了一颗失败的定时炸弹"。

3. 重庆谈判

抗日战争胜利之时，以蒋介石为首的国民党统治集团控制着全国政权，并拥有一支 500 多万人的庞大军队。但是，这些部队大部分远在中国的西南、西北地区，运送到华南、华东、华北、东北地区尚需时日。蒋介石为了拖延时间，以完成内战的准备工作，同时也为了应付人民反对内战、要求和平的压力，以争取政治上的主动，于是假意表示愿意同中国共产党进行和平谈判，企图诱使中共交出军队。

在这种形势下，蒋介石于 8 月 14 日、20 日、23 日接连发出 3 封电报，邀请中共中央主席毛泽东到重庆进行和平谈判，共同商讨"国际国内各种重要问题"。

1945 年 8 月 28 日，毛泽东、周恩来、王若飞在美国驻华大使赫尔利和国民党代表张治中陪同下，乘飞机抵达重庆。此举充分表明中国共产党真诚谋求和平之心，真正代表着全国人民的利益和愿望。毛泽东等人到达重庆后，受到各阶层民众的热烈欢迎，在国内外引起了巨大反响。有人称颂"毛先生一身系天下之安危"，民主人士柳亚子赋诗称颂毛泽东亲临重庆的行动是"弥天大勇"。

重庆谈判从 8 月 29 日开始，到 10 月 10 日结束。在此期间，毛泽东直接同蒋介石就国共两党关系的重大问题进行多次商谈。有关国内和平问题的具体谈判，是在中共代表周恩来、王若飞同国民党政府代表王世杰、张群、张治中、邵力子之间进行的，双方围绕"确定和平建国方针""承认各党各派合法平等地位""承认解放区政权及抗日部队"等 11 项内容进行了 12 次会谈。

双方争论的焦点是解放区民主政权和人民军队的

毛泽东与蒋介石在重庆谈判期间的合影

整编问题，尽管中共代表先后做过多次让步，但国民党政府代表按照蒋介石确定的方针，一再要求中国共产党"放弃其地盘，交出其军队"。对此，周恩来、王若飞根据事实，给予了有力驳斥。

重庆谈判期间，军事斗争紧密配合着谈判桌上的斗争。蒋介石为了以军事行动向中共施加压力，迫使中共代表在谈判桌上屈服，密令其军队大举进攻解放区。中国共产党对此进行了针锋相对的斗争，取得了上党战役等一系列军事行动的胜利，打乱了国民党的内战部署，加强了中共代表团在重庆谈判中的地位，直接配合了谈判斗争。

此外，中共代表团还在重庆广泛开展争取各方面和平民主力量的工作。毛泽东、周恩来分别会见了国民党、各民主党派及社会知名人士，积极宣传中国共产党的立场，得到了各民主党派和各界民主人士的支持。

1945 年 10 月 10 日，国共双方代表签订《政府与中共代表会谈纪要》（即《双十协定》）并公开发表。国民党政府接受中共提出的和平建国的基本方针，确定召开各党派代表及无党派人士参加的政治协商会议，共商和平建国大计。

会谈还达成了迅速结束国民党的"训政"、党派平等合法、取消特务机关、释放政治犯等协议。谈判中未能达成协议的，主要是解放区政权问题和国民大会问题。军队整编问题实际上也没有解决。

重庆谈判的举行和《会谈纪要》的发表，表明国民

历史掌故

上党战役

1945年8月下旬，山西军阀阎锡山遵照蒋介石的命令，调集5个师共1.7万余人，在日伪军掩护下，向晋冀鲁豫解放区所属的山西上党地区大举推进。9月中旬，阎锡山又调集8个师约2.3万人增援，企图侵占整个晋东南。为保卫根据地，在刘伯承、邓小平指挥下，晋冀鲁豫军区集中人民军队和地方武装3万余人，展开自卫反击。经过一个月的战斗，人民军队共歼敌3.5万余人，俘敌高级将领27名，缴获山炮24门，轻重机枪2000余挺，长短枪1.6万余支，迟滞了蒋介石抢占华北、从陆上进军东北的计划。上党战役的胜利开创了我军大规模歼灭战的范例，增强了解放区军民的胜利信心。

党方面"承认了中共的地位"，同时使中国共产党关于和平建设新中国的政治主张被全国人民所了解，从而推动了全国和平民主运动的发展。对于重庆谈判的意义，毛泽东指出："谈判的结果，国民党承认了和平团结的方针。这样很好。国民党再发动内战，他们就在全国和全世界面前输了理，我们就更有理由采取自卫战争，粉碎他们的进攻。"

《会谈纪要》签订后，10 月 11 日，毛泽东返回延安，周恩来等人留在重庆继续就悬而未决的问题同国民党方面商谈。由于迟迟无果，周恩来等人于 11 月 25 日暂返延安。

4. 假和平，真战争

重庆谈判和《政府与中共代表会谈纪要》的签订，没能改变国民党统治集团反共反人民的内战政策，战争的阴霾依然笼罩在人民头上。不久，蒋介石即在美国的支持下，公然违背《会谈纪要》，积极准备发动内战。国

昆明各校师生与各界人士参加"一二·一"惨案遇难烈士出殡仪式

民党统治区广大人民对此表现出强烈义愤，爆发了群众性的反内战运动，强烈呼吁停止内战，要求民主团结、和平建国。

1945年11月26日至28日，昆明31所大、中学校的3万余名学生相继罢课，成立罢课联合委员会，并发表宣言，明确提出：立即制止内战，要求和平，要求民主；反对外国助长中国内战，撤退驻华美军；组织民主的联合政府；切实保障人民的自由权利；等等。学生们的正义行动得到了社会的广泛支持，却遭到国民党政府的血腥镇压。12月1日，国民党云南当局组织大批特务和军人，闯入西南联合大学、云南大学等校，捣毁校舍，殴打师生，并投掷手榴弹，致使4名师生遇难，数十人受伤，酿成"一二·一"惨案。惨案发生后，昆明学生有组织地走上街头，高举反对内战、要求民主的大旗，向全国人民控诉国民党当局的暴行。昆明文化界人士、工农市民群众、工商界人士以及一些地方上层人士，纷纷以捐款、签名、慰问、吊唁等活动声援学生。各解放区、国民党统治区的20多个大中城市也都以集会、游行、罢课、致电慰问、捐款等方式，支持昆明的学生运动，一场群众性的反内战运动在全国范围内迅速兴起。在全国人民的压力下，国民党当局被迫接受了学生们提出的大部分条件。

与此同时，在1946年上半年，国民党统治集团更加紧锣密鼓地进行着军事部署和调动，全面内战大有一触即发之势。

在积极部署内战之时，国民党当局也加紧了镇压人民的爱国民主运动。6月中旬，上海人民团体联合会联合各团体，经过协商，推举马叙伦、胡厥文、阎宝航、雷洁琼等11人组成上海人民团体代表团（又称和平请愿团），赴南京向国民党政府和平请愿。6月23日，上海5万名群众到火车站集会送别请愿代表，陶行知、叶圣陶、田汉、吴晗等知名人士也赶来送行。欢送大会上发表了《上海市民欢送为呼吁和平入京代表宣言》，指出："我们简单的要求——立即停止内战，实现国内永久和平，恢复政治协商，反对武力解决国是，并且遵循民主团结的原则，从速组织民主联合政府，以建设和平统一的新中国。"会后，送行的人群举行了反对内战、反对美国干涉中国内政的示威游行。

当代表团一行抵达南京下关车站时，代表们遭到预先埋伏的百余名国民党特务的围攻和殴打，多人被打成重伤，随身财物被一抢而光。这就是轰动一时的"下关惨案"。惨案发生后，马叙伦、阎宝航等人被送往中央医院。周恩来、董必武等闻讯后，立即向国民党政府提

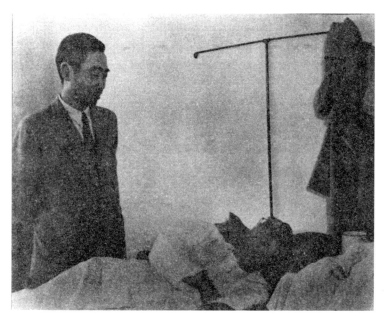

周恩来到南京中央医院看望受伤的马叙伦

出严重抗议，并深夜赶到医院，慰问受伤代表。马叙伦握着周恩来的手说："中国的希望寄托在你们身上，我们过去总劝你们少要一些兵，少要一些枪，现在看来你们的战士不能少一个，枪不能少一支，子弹不能少一粒。""下关惨案"充分暴露了蒋介石统治集团的反动本质，其假和平、真战争的图谋已经昭然若揭；同时也让人民群众认清了国民党蒋介石集团的反动面目，从而激起了更大的斗争决心。

第二章
"和平"的外衣

VR融媒党史云课堂
党史学习就在我身边

1. 签署《停战协定》

早在重庆谈判期间，蒋介石就不断往前线调运兵力，并下令苏、浙、皖、鲁、晋等省的国民党军队向解放区的人民军队发动进攻，企图以军事行动向中国共产党施加压力。对此，中国共产党进行了有理、有利、有节的斗争，为和平做了最大的努力和忍耐。

按照国共重庆谈判达成的协议，国民党政府应尽快召开由各党派代表及无党派人士参加的政治协商会议。蒋介石为了用政治手段遏制以至消灭共产党所领导的人民革命力量，同时争取更多时间来调动内战兵力，决定召开政治协商会议。

1945 年 12 月，中共代表周恩来、叶剑英、邓颖超等抵达重庆。除了参加政治协商会议外，中共代表团还要与国民党政府就停止局部地区的武装冲突问题进行谈判。27 日，中共代表团向国民党政府代表提交了一份书面建议，要求无条件停战，以利于政治协商会议的进行。这个建议得到各民主党派和广大人民群众的支持。国民党方面不得不接受这个建议，同意进行停战谈判。

1946 年 1 月 10 日，中共代表同国民党政府代表正式签订了《停战协定》。双方还下达了于 1 月 13 日午夜生效的《停战令》，并于北平设立由国民党、共产党和美国三方各 1 名代表组成的军事调处执行部，负责监督执行《停战协定》。这在一定程度上限制了国民党军队的调动和向解放区的进攻，是有利于人民的。

在《停战协定》签订的当天——1 月 10 日，政治协商会议在重庆召开。参加会议的代表共 38 名，分别来自国民党、共产党、中国民主同盟、无党派代表和中国青年党。会议的中心议题是关于政治民主化和军队国家化

参加政协会议的中共代表合影。左起：周恩来、董必武、陆定一、叶剑英、邓颖超、吴玉章、王若飞

的问题。中国共产党从争取和平的大局出发，在做出很多重大让步的情况下，提出了涉及改组政府、实施宪政、整编军队等方面的提案，得到中国民主同盟、无党派代表的广泛支持。比如，在改组政府方面，中国共产党提出应扩大现有政府的基础，使各党派和无党派民主人士能加入到联合政府中，并在其中发挥监督和约束作用；在整编军队方面，中国共产党提出人民军队是政治民主化事业的支柱，在政治民主化和军队国家化两方面可同

事实真相

国民党军的疯狂进攻 据统计，自1945年8月15日日本投降至11月7日不满3个月的时间里，国民党用于进攻解放区的正规军达49个军共100万人，此外还有挺进部队20万人，收编的日伪军50万人，兵力总计达170万人。另据统计，日本投降之后的近3个月内，国民党军队从解放区军民手中夺去了31座县城，分别是：广东的宝安，浙江的德清、武康，江苏的海门，河南的渑池、登封、密县、封丘、延津、原武、武陟、太康、扶沟、通许、民权，山东的即墨、胶县、青州、淄川、博山，山西的平陆、夏县、安泽、文水，绥远的归绥、丰镇、集宁、武川、陶林、凉城、清水河。此外，抢夺走的还有重要海港秦皇岛。

步进行。

政治协商会议历时22天，于1月31日闭幕。会议通过政府组织案、国民大会案、和平建国纲领、军事问题案、宪法草案等5项协议。这些协议的通过，是中国共产党同各民主党派、民主人士亲密合作，并同国民党中坚持民主、进步的人士共同努力的结果，是中国人民在政治上的胜利。它对于国民党的一党专政、个人独裁的政治制度和反人民的内战政策，具有明显的限制作用。

2. 坚持反动统治

《停战协定》和《政协协议》的签订，终究没能将中国引向和平与民主。作为大地主、大资产阶级代表的国民党统治集团，仍然企图维持其一党独裁专政的统治，不能容忍真正的民主改革，不愿履行这些协议，甚至予以公开否定和肆意破坏。

仅仅在政治协商会议结束1个月后，1946年3月，国民党在重庆召开了六届二中全会。会上，蒋介石提出要对政协会议达成的各项协议进行"补救"。最终，全会做出了从根本上推翻"政协宪法草案"中规定的各项民主原则的决议。

随后，蒋介石又在由国民党包办、中共代表拒绝出席的所谓"国民参政会"上，公然推翻了政协会议关于改组政府等多项协议。

此外，国民党统治集团还在停战谈判中不断设置障碍，用种种方式威压中国共产党，阻碍谈判正常进行。

国民党在军事方面也不断破坏《停战协定》和《政协协议》。他们依仗美国的支持和援助，有恃无恐地加紧部署内战，在东北地区放手大打，在关内不断制造冲突。

从 1946 年 1 月《停战协定》生效到同年 4 月，蒋介石利用关内休战的机会，不断增兵东北，使东北地区

美国军舰运送国民党军抢占战略要地

的国民党军队达到 30 万人，并向本溪、四平等地发动进攻，企图歼灭中国共产党领导的东北民主联军。与此同时，国民党统治集团对关内各解放区不断袭扰、蚕食。

据不完全统计，从 1946 年 1 月到 6 月，国民党军队对解放区的大小进攻达 4 365 次，使用兵力累计达 270 万

历史掌故

"李闻血案"

1946 年 6 月底，中国民主同盟和昆明各界人民组成了"争取和平联合会"，发动万人签名运动，反对国民党的内战政策。国民党特务机关下达密令，以"密报、密捕、密决"方式对中国共产党和民主同盟成员下毒手。7 月 11 日，民盟中央委员、民盟云南支部负责人李公朴被特务暗杀于昆明街头。13 日，毛泽东、朱德致电李公朴的夫人张曼筠，高度评价李公朴的一生，强烈谴责国民党当局的暗杀行径。15 日，在云南大学致公堂为李公朴举行的追悼会上，民主人士闻一多发表演说，怒斥特务暴行。当天下午，闻一多参加完民主周刊社为李公朴被暗杀举行的记者招待会后，在西南联大教员宿舍附近被预先埋伏的特务暗杀。5 天内，昆明城两位爱国民主人士被暗杀，举国震惊。

1946年7月，国民党特务在昆明暗杀了爱国民主人士李公朴、闻一多，遭到全国人民强烈谴责。图为设在上海静安寺的追悼会灵堂

人次，侵占解放区城市40座，村镇2 577处。

从1月到5月，国民党正规军队违反《停战协定》而进行的师以上调动达42个军118个师，总计约130多万人。国民党军队高级将领白崇禧、陈诚等人，甚至蒋介石本人，不断飞往各地，加紧内战部署。

在积极准备发动内战的同时，国民党政府还加紧镇压人民群众的爱国民主运动。就在政治协商会议召开前后，国民党特务还在不断制造事端，破坏民主党派、无党派人士及人民群众支持政协会议的活动，妄图遏制爱国民主运动的蓬勃发展。

1946年4月至5月间，国民党当局在西安、北平、南通等地制造了多起绑架并暗杀民主人士和爱国学生的惨案。6月，国民党特务又制造"下关惨案"，围攻、殴打赴南京和平请愿的群众代表。

国民党统治集团的所作所为，表明其所标榜的和平民主的虚伪性，其根本目的在于坚持独裁专制的反动统治。大规模内战已经不可避免。

3. 悍然发动内战

1946年上半年，国民党统治集团一面披着"和平"的外衣，与中国共产党签订《停战协定》，在各个公开场合宣称"避免内战、维护和平"，一面频繁地将其在中国西南、西北边远地区的军队向解放区周围调集。

6月下旬，在完成了内战部署之后，蒋介石就撕毁了《停战协定》和《政协协议》，悍然发动全面内战。6月26日，国民党军以围攻鄂豫边宣化店为中心的中原解放区为起点，相继在晋南、苏皖边、鲁西南、胶济路及其两侧、冀东、绥东、察南、热河、辽南等地，向解放区展开大规模进攻。

　　全面内战开始时，国民党在军队数量、军事装备、后备资源以及外来援助等方面，都明显超过人民解放军。1946年7月，国民党军队的总兵力约430万人，其中正规军约200万人；人民解放军的总兵力只有127万人，其中野战军61万人。双方总兵力对比为3.4∶1。

美国援助国民党打内战的各种军事装备

国民党军队接收了侵华日军的大部分装备，又得到了美国政府的大量援助，因而拥有装备较好的陆、海、空军；人民解放军不仅没有海军和空军，就连陆军的装备也很差，主要是缴获的日、伪军的武器，人力物力的补充基本依靠战斗缴获和解放区军民供给。

国民党政府统治着约占全国76%的面积、3.39亿人口的地区，控制着几乎所有的大城市和绝大部分铁路交通线，拥有全国大部分近代工业和人力、物力资源；解放区的土地面积只占全国的24%，人口约1.36亿，近代工业很少，基本上依靠传统的农业经济。

国民党有美国政府在军事、经济上的全面援助；而共产党在国际上则没有任何公开的支持。

由此可见，在全面内战爆发时，中国共产党无论从哪方面，较国民党都处于明显的劣势。

战争初期，国民党倚仗其军队在数量和武器装备方面的优势，企图速战速决，为此采取了全面进攻解放区的方针。

其兵力部署是：以8个整编师又2个旅，约22万人，围攻中原解放区，尔后抽兵会同陇海路及豫北国民党军队进攻晋冀鲁豫的鲁西南、豫北解放区；以胡宗南部 6 个旅在阎锡山部配合下，进攻晋冀鲁豫的晋南解放区；以 31 个旅约 27 万人，进攻苏皖解放区；以 27 个旅约 19 万人，进攻山东解放区；以 38 个师（旅）约 26 万人，进攻晋察冀、晋绥解放区；以 7 个军 23 个师（旅）约 25 万人，监视东北的人民军队；以 19 个旅约 15.5 万人，继续包围并准备进攻陕甘宁解放区；以 9 个旅 7.5 万人，进攻广东各游击区及海南岛的解放区。国民党的战略企图是：迅速歼灭关内人民军队主力，恢复津浦、平汉交通，安定江南，确保华北；尔后再转用兵力解决东北问题。

为了在短期内迅速摧毁解放区及人民武装力量，国民党动用的兵力约为 193 个旅（师）160 万人，占其全部正规军 86 个整编师（军）248 个旅（师）兵力的 80%，妄图短时间内击垮人民解放军。蒋介石自恃其暂时的优势兵力，狂妄扬言：只需 3 个月到 6 个月，就可以取得胜利。

第三章
自卫战争

VR融媒党史云课堂
党史学习就在我身边

1.《论纸老虎》

在全面内战爆发之际，敢不敢以革命战争反对反革命战争，能不能打败国民党反动派，成为中国共产党必须迅速回答和解决的两大根本性问题。

内战伊始，中共中央就清醒地估计和分析了国际国内形势，及时确定了用自卫战争粉碎国民党军队的进攻，以期恢复国内和平的方针。1946 年 7 月，中共中央发出《以自卫战争粉碎蒋介石的进攻》的党内指示，要求全党必须认识到："我们不但必须打败蒋介石，而且能够打败蒋介石。蒋介石所发动的是反人民反革命性质的战争，

1947 年 5 月，上海出版的《文萃》第 6 辑译载了毛泽东与斯特朗的谈话——《论纸老虎》

必然会遭到包括国民党统治区在内的全国人民的反对；中国共产党领导的是爱国的正义的革命战争，必将获得全国人民的拥护。"

1946 年 8 月，中共中央主席毛泽东在同美国记者安娜·路易斯·斯特朗的谈话中明确提出了"帝国主义和一切反动派都是纸老虎"的著名论断。

他说："一切反动派都是纸老虎。看起来，反动派的样子是可怕的，但是实际上并没有什么了不起的力量。从长远的观点看问题，真正强大的力量不是属于反动派，而是属于人民。""蒋介石和他的支持者美国反动派也都是纸老虎。""人民的进步力量必然战胜反动的腐朽力量，这是不以中外反动派的意志为转移的客观规律。就中国的战争来说，我们所依靠的不过是小米加步枪，但是历史最后将证明，这小米加步枪比蒋介石的飞机加坦克还

人物故事

安娜·路易斯·斯特朗 安娜·路易斯·斯特朗（Anna Louise Strong）是深受中国人民尊敬和爱戴的美国进步女记者与作家。她于1885年11月生于美国内布拉斯加州，1908年在芝加哥大学获得哲学博士学位。1925年，斯特朗首次访问中国，在广州报道了著名的省港大罢工。1927年，她深入湖南农村，报道了轰轰烈烈的农民运动，写下了《千千万万的中国人》一书。1937年全面抗战开始后，斯特朗到山西八路军总部采访了朱德等领导人，发表了反映抗日民族统一战线的《人类的五分之一》一书。1940年，她在重庆见到了周恩来。1946年，她第5次来华，访问延安，并写下了《中国人征服了中国》一书。1958年，在第6次访华后斯特朗决定定居北京，之后创作了《西藏见闻》《西藏农奴站起来》等书，为增进中美两国人民的了解做出了重大贡献。1970年3月29日，她因心脏病医治无效，于北京逝世。

要强些。这原因就在于反动派代表反动，而我们代表进步。"在这里，毛泽东阐明了一个根本的战略思想，这就是革命人民在战略上、在整体上必须藐视敌人，敢于同他们进行斗争，敢于去夺取胜利。斯特朗女士由衷评价道：这是个"时代性的伟大真理"。

毛泽东对于国际国内形势、反动派的本质、中国革命的前途所进行的科学分析，从理论上武装了中国共产党人和中国人民，使他们极大地增强了同帝国主义支持的国民党反动派进行斗争的勇气和信心。

这个著名论断像一盏指路明灯，照亮了中国人民前进的道路，武装和鼓舞了中国共产党和中国人民，不仅为中国人民的革命事业提供了巨大的精神力量，彰显了毛泽东思想的科学性与创造性，还极大鼓舞了世界无产阶级斗争与争取民族独立的国家的斗争勇气。

2. 蓄力还击

1946 年 6 月 26 日拂晓，国民党军队以进攻中原解放区为起点，悍然发动了全面内战。内战开始时，国民党军队处于攻势，共产党领导的人民军队处于守势。

　　为了能够以劣势兵力挫败国民党军队的进攻，争取自卫战争的胜利，中共中央在军事方面确定和采取了一系列正确的、富有远见的方针和政策。中共中央军委要求人民解放军实行"以歼灭敌军有生力量为主要目标，不以保守或夺取地方为主要目标""以集中兵力打运动战为主，以分散兵力打游击战为辅"的作战方法。

　　中共中央强调指出：在国民党军队武器得到加强的条件下，人民解放军在每一个战役战斗中，都必须"集中绝对优势兵力，即集中六倍、五倍、四倍于敌，至少也是三倍于敌的兵力"以各个歼敌，求得在总的敌强我弱的条件下，最有效地打击敌人，逐渐削弱敌人的有生力量，不断壮大自己的力量，使国民党军队愈战愈弱，人民武装愈战愈强，并取得最后胜利。

　　国民党军对解放区的全面进攻最早在中原解放区打响。面对20余万国民党军的重重包围和不断逼近，人民解放军采取积极的战略防御。在双方力量对比过于悬殊、回旋余地又很小的情况下，中共中央决定中原解放军主力战略转移。当中原解放军撤退以后，国民党军紧接着

1946 年 7—8 月，华中野战军在苏中地区七战七捷，歼敌 5 万余人。图为歼灭宣家堡之敌后胜利归来的人民解放军战士

又向晋南、鲁西南、冀东等地大举进攻。对此，人民解放军刻意避开敌人进攻的锋芒，主动放弃了一些城市和地方，以诱敌深入，然后集中优势兵力，在运动战中给来犯之敌以有力回击。

在华东战场，1946 年 7 月至 8 月，粟裕、谭震林指挥华中野战军在苏中地区七战七捷。随后，华中野战军与陈毅率领的山东野战军会合发起宿北战役、鲁南战役，合计歼敌 12 万余人。次年 2 月，由华中野战军和山东野

人物故事

粟裕的"四宝"　粟裕将军有"四宝"：枪、地图、指北针、望远镜。无论走到哪里，他都随身携带，须臾不离。特别是地图，战争年代，一到新地，首要之事就是挂地图、看地图。别人眼中的名山大川，在他眼里都是古战场或未来有可能发生大战的地方。就是上个街，他也不忘琢磨这个街道该如何攻占，又该如何固守。中华人民共和国成立后，这个习惯他依然不改，无论是办公室、书房，还是卧室，依然挂满地图。他一生不打牌，不爱跳舞，不喜对弈，不善祝酒，除了偶尔吹吹口琴外，大部分精力都花费在了地图前。另外，他的忧患意识还体现在一些生活细节上，比如每晚就寝前，他都会将衣服鞋袜仔细放好，以便有事时能立即随手摸到。

战军合编组成的华东野战军进行了莱芜战役，歼敌7万余人，同时开创了一战歼灭敌集团军的先例。

在晋冀鲁豫战场，刘伯承、邓小平指挥的晋冀鲁豫野战军在鲁西南、豫北地区先后发起了定陶战役、滑县战役、豫皖边战役等，陈赓、谢富治率领的另一部则在晋西南进行了吕梁、汾（阳）孝（义）战役。从1946年7月至1947年2月，这两个战场上的人民解放军共歼敌11万余人，有力配合了华东野战军和西北野战军作战。

在晋察冀战场，由聂荣臻指挥的晋察冀军区部队先后进行了易（县）满（城）战役和保（定）南战役，为扭转华北战局奠定了基础。

在东北战场，由林彪、罗荣桓指挥的东北民主联军与陈云、萧劲光率领的南满军区部队配合作战，于1946年12月至1947年4月进行了三下江南四保临江战役，歼敌约5万人，迫使东北地区的国民党军队全面转为守势。

从1946年7月至1947年2月，人民解放军共歼敌71万余人，平均每月歼敌9万人。国民党军队占领解放区城市240座，人民解放军收复和解放城市135座。国民党军虽然多占据着100余座大小城市，但都需分兵把守，实际上是背了一个个沉重的包袱。随着国民党军士气低落、后方空虚、战线过长与兵力不足的矛盾日益尖

国画《转战陕北》，石鲁1959年作

锐，蒋介石统治集团不得不放弃全面进攻的方针。战争

的形势正在向着有利于人民解放军的方向发展。

3. 愈战愈强

1947 年 3 月，为解决进攻兵力不足的问题，蒋介石放弃全面进攻计划，改以陕北和山东解放区为重点，实行被称为"双矛攻势"的重点进攻，而在其余各战场则转为守势。

蒋介石认为中国共产党在关内有 3 个重要根据地，即以延安为政治根据地，以沂蒙山区为军事根据地，以胶东为交通供应根据地。

他的作战计划是：首先，攻占延安，摧毁中国共产党的党、政、军指挥中心；其次，攻占胶东，切断中国共产党由关外到关内的海陆补给线；然后，集中力量攻占沂蒙山区；接着，北渡黄河，"肃清"华北的人民解放军；随后，再集中兵力转向东北。

国民党军队重点进攻的主要方向之一是陕北解放区。为此，蒋介石亲赴西安，调集了 34 个旅约 25 万人发起进攻。而在这个地区迎击国民党军队的人民解放军合计

华东野战军向孟良崮挺进

只有 4 万余人，由于敌我兵力过于悬殊，中共中央决定暂时放弃延安，依靠陕北优越的群众条件和有利地形，采取"蘑菇战术"，与敌周旋，寻机歼敌。

1947 年 3 月 13 日，国民党军发起大规模进攻。19 日，人民解放军主动撤离延安后，与敌人在陕北高原盘旋打转，并抓住有利时机发起青化砭、羊马河、蟠龙 3 次歼灭战，歼敌 1.4 万余人，基本稳定了陕北战局。

中共中央坚持在陕北地区与敌周旋的胆略，极大鼓舞了全国各解放区军民的战斗意志和胜利信心。

国民党军队重点进攻的另一个主要方向是山东解放区。国民党军集中调集了 24 个整编师 60 个旅约 45 万人发动进攻，企图在最短时间内取得胜利。

华东野战军在陈毅、粟裕等指挥下，沉着应战，并于 1947 年 5 月中旬在孟良崮地区围歼了被称为国民党军队"五大主力"之一的整编第 74 师等部 3 万余人，击毙中将师长张灵甫，在蒋介石最强大的进攻方向上打击了其最精锐的部队。

孟良崮战役结束后，蒋介石立即下令暂停对山东解放区的进攻，重新制定战略战术，调整军事部署。

在迎击国民党军队向陕北、山东实施重点进攻的同时，其他解放区的军民也对收缩兵力、转入守势的国民党军队实施了战略性反攻，并取得重大战果。

1947 年 3 月至 6 月，经过 4 个多月的作战，人民解放军不仅歼敌 40 余万人，并且在战斗中不断发展壮大，还积累了大兵团作战的经验。反观国民党军队，由于大量有生力量被歼灭，以及广大新占领区需要大量兵力驻守和"清剿"，到 1947 年 6 月底，国民党军队第一线的突击兵力已下降到只占开始进攻解放区时的总兵力

事实真相

国民党军队"五大主力" 国民党军队的"五大主力"是指中国抗日战争结束后，国民党军队内作战能力最为坚强、装备最为精良的 5 支部队，分别是：新编第 1 军、新编第 6 军、第 5 军、第 18 军、整编第 74 师。"五大主力"基本上全为美式装备部队。其中，新编第 1 军的装备已达到当时发达国家军队 A 级水平；新编第 6 军由名将"丛林虎"廖耀湘统帅，全新美式装备，曾建功抗日战场，自诩"国军老大"，号称"天下无敌"；第 5 军为装甲部队，被誉为"铁马雄师"，抗日期间曾血战昆仑，一鸣惊人；第 18 军在"五大主力"中建军最早、实力最强、名将最多，成名于军阀混战时期，壮大于"围剿"红军过程，建功于抗日烽火；整编第 74 师是国民党"王牌"中最耀眼的新星，有"御林军""抗日铁军""虎贲师"等美称，并曾荣获国民党最高奖励"飞虎旗"，它也是抗战中唯一可以以一军之力打垮日军一个师团的国民党部队。在解放战争中，这"五大主力"先后被英勇顽强的人民解放军歼灭。

的 34%。国民党军队在陕北和山东战场上损兵折将，重点进攻已成强弩之末，其他战场上也损兵失地，连主要点线也难以保住。

从 1946 年 7 月至 1947 年 6 月，人民解放军在全面内战爆发后的第一年度作战中，累计歼灭国民党正规军 97.5 个旅共 78 万人，平均每个月歼敌 8 个旅，连同非正规军，共歼敌 112 万人。人民解放军损失 35.8 万人，其中负伤 26.7 万人，牺牲 6.9 万人，其他损失 2.2 万人。

解放区军民在第一年中取得的重大胜利，为解放战争从战略防御转入战略进攻，进而把中国革命推向新的高潮，创造了极为有利的条件。

第四章
人民的斗争

1. 关闭和谈之门

VR融媒党史云课堂
党史学习就在我身边

　　在集中军事力量向解放区发动全面进攻的同时，国民党统治集团还加紧采取步骤，破坏和平谈判，破裂国共关系。在撕毁《停战协定》《政协协议》和发动全面内战后，国民党当局没有立即宣布停止同中共代表的谈判，而是利用谈判掩护其军事进攻，并在谈判中提出种种苛刻条件，企图迫使中共首先终止谈判，以便把分裂和内战的责任推到中共方面。

　　在此期间，中共代表团继续留在南京、上海同国民党谈判，进行维护《政协协议》的斗争，并用事实揭露国民党当局的阴谋，使广大人民了解内战发生的真相。

按照《政协协议》，必须首先改组政府，废除国民党的一党专政，然后由各党派的联合政府主持召开国民大会。然而，在政府未经改组、各党派的联合政府未能成立的情况下，国民党当局竟然单方面宣布于 1946 年 11 月召开所谓的"国民大会"。

中共代表周恩来、董必武等人，对于这种破坏《政协协议》的做法提出了强烈抗议。蒋介石提出的以"中国共产党领导的人民军队撤出部分已占领地区，作为重开政治谈判的条件"的无理要求，遭到了中共代表的断然拒绝。

在中国内战逐步升级之际，美国政府依然没有改变援助国民党政府的基本政策，竟然不顾中国共产党的强烈反对，将原来价值 8 亿多美元的军事物资廉价转让给了国民党政府。之后，这些物资先后被直接或间接用于内战。

1946 年 9 月下旬，国民党军队大举进攻晋察冀边区首府张家口，不顾中共方面的再三警告和各界人士的强

1947年2月底，国民党政府强令驻南京、上海、重庆等地承担谈判联络工作的中共代表撤离。图为3月7日中共代表董必武（前排左三）于南京机场撤离时

烈反对，于10月11日占领张家口，国共关系面临最后破裂的严重情况。随即，被"胜利"冲昏头脑的蒋介石下令：于11月12日召开"国民大会"。

中国共产党坚决反对国民党一党包办的"国民大会"，并拒绝参加。11月16日，周恩来在南京举行记者招待会，并宣布：由于国民党当局单方面召开"国大"，把《政协协议》破坏无遗，和谈之门已被关闭，中共代表团人员将返回延安。

他说："南京我们总是要回来的，无非是两种可能：

一种是国民党打不下去了，再回到《政协协议》上来，请我们回来！另一种是国民党越打越垮，人民打回南京来。我看，这后一种可能性很大也很快。"

随后，周恩来率中共代表团成员邓颖超、李维汉等15人离开南京，只留董必武、吴玉章和部分机关工作人员继续在南京、上海和重庆坚持工作。

在国民党当局关闭谈判大门、国共关系面临完全破裂的情况下，中国共产党为挽救危局、重开谈判做了最后努力。

1946年12月4日，周恩来在致函美国特使马歇尔时表示，如果国民党当局立即解散正在召开的非法"国大"，恢复《停战协定》规定的军队驻防地，国共两党仍然可以重开谈判。28日，周恩来在同新华社记者的谈话中，再次表明了中共对重开国共谈判的态度。但国民党当局对此采取坚决拒绝的态度。

1947年1月底，国民党政府宣布解散"军事三人小组"及北平军事调处执行部，并逼迫北平军事调处执行部的中共代表叶剑英及工作人员全部撤离北平。

历史掌故

《新华日报》

　　《新华日报》是抗日战争时期和解放战争初期中国共产党的机关报。1938年1月11日，它正式在武汉创刊，同时在广州设立分馆，同年10月21日和25日分别从广州和汉口迁至桂林和重庆。重庆《新华日报》是抗日战争时期和解放战争初期中国共产党在国民党统治区公开出版的唯一机关报。国民党政府为配合其内战和反共政策，于1947年2月28日将重庆《新华日报》查封。至此，《新华日报》在国民党统治区共出版9年1个月又18天，被广大人民群众誉为"茫茫黑夜中的一座灯塔"。毛泽东曾高度赞扬它是八路军、新四军以外的"另一方面军"。

　　随后，国民党政府限令中国共产党在重庆、南京、上海的人员于3月5日前全部撤离，并查封了在重庆的《新华日报》。3月7日、8日，中共驻南京、上海、重庆的全部工作人员分别撤回延安。至此，国共两党关系完全破裂。董必武在南京上飞机前，向前来送别的国民党统治区人士说："再见之期，当在不远。"

2. 一党"国大"

蒋介石为了给其独裁统治披上"合法"外衣，一直谋求早日召开"国民大会"。抗日战争胜利后，国共两党开始重庆谈判，随即在1946年1月举行的政治协商会议中商定，于同年5月召开国民大会。然而，由于国民党统治集团撕毁《政协协议》，挑起全面内战，国民大会无法如期举行。

1946年7月，国民党政府单方面决定于当年11月12日召开"国民大会"。国民党这种由一党决定"国民大会"召开日期的独裁做法，遭到社会各方面的强烈反对。中共代表团表示，国民党政府单方面决定召开"国大"，是完全违背《政协协议》规定的"一党片面行为"，是非法的，中国共产党坚决反对，拒绝参加。中国民主同盟也坚决表示，不怕一切威胁和利诱，绝不参加。

11月10日，重庆和平促进会、民主建国会重庆分会等21个团体发表联合声明，反对国民党包办的"国大"。同时，也有一些民主党派和民主人士为和平民主奔走呼号，希望说服蒋介石更改决定，但没有取得实际效果。

11月15日至12月25日，由国民党包办的"国民大会"在南京召开。出席大会的代表中，国民党代表占85%，只有依附于国民党的青年党、民主社会党和若干所谓的"社会贤达"参加了大会。会议通过了《中华民国宪法》，这部宪法从根本上代表和维护的是大地主、大

"国民大会"会场

资产阶级的利益，是国民党一党专政和蒋介石个人独裁的"装饰品"。并且，由于这部宪法是在"国大"召集者国民党积极进行内战，而作为国内主要民主力量的中国共产党和中国民主同盟又没有出席"国大"的背景下产生的，因此绝对是有名无实。

"国民大会"召开的第二天，中国共产党就宣布和谈的大门已然关闭。周恩来一针见血地指出，国民党政府召开的一党"国大"就是要把独裁合法化，把内战合法化，把分裂合法化，把出卖国家和人民利益合法化。

随即，他率领邓颖超、李维汉等中共谈判代表返回延安。民主党派、广大人民和许多海外华侨也都坚决反对国民党一手包办的"国大"和所谓的"宪法"，纷纷发表通电进行斥责。

11月22日，泰国华侨建国救乡联合总会、职工总会、青年会、教育协会等71个华侨团体代表发表通电，坚决要求解散非法"国大"，表示绝不承认一党"国大"的任何决议，誓与国内同胞团结一致，为真正的和平民主奋斗到底。12月31日，在上海的世界和平促进会上

九三学社许德珩、袁翰青、樊弘3位教授不顾生命危险，在北大民主广场纪念黄花岗烈士大会上发表反对伪国大的演讲。图（右）为许德珩

海分会、民主建国会、工商业协进会、上海人民团体联合会、九三学社等11个团体达成一致，坚决不承认"国民大会"通过的所谓"宪法"。

由国民党一党包办的"国民大会"的召开和《中华民国宪法》的制定，更加暴露了国民党当局破坏《政协协议》、实行一党独裁的真面目，使其在全国人民中间更加孤立。

3. 五二〇血案

国民党统治集团的专制独裁、贪污腐化，以及其对人民的横征暴敛，给广大中国人民带来了深重灾难，日益引起各阶层人民的不满和反抗。国民党统治区民怨已沸腾，危机重重。为维护其统治，国民党加强了对人民运动的镇压。

由于国民党政府把大量教育经费挪用于内战，使得国民党统治区的教育危机日趋严重。靠工资收入的教师生活朝不保夕，靠助学金维持生活的学生受到失学的威胁，挣扎在饥饿和死亡线上。1947 年 4 月至 5 月间，上海、南京等许多城市的学生发出了"抢救教育危机""向炮口要饭吃"的呼声。学生斗争的声势越来越大，并逐渐由分散于各地、各校的斗争汇合成全国性的斗争。

5 月 4 日，上海学生为纪念五四运动 28 周年，走上街头进行反内战宣传，遭到了国民党特务、警察的殴打和逮捕，各学校立即举行罢课以示抗议，控诉国民党当局前方打内战、后方打学生的行径。15日，南京中央大学等校3 000余名学生向国民党政府的教育部和行政院请愿，要求增加教育经费，却未得到满意答复，于是学生们决定5月20日举行大规模游行。

同时，上海交通大学和上海医学院等高校派出代表到南京请愿。在北平，北京大学、清华大学等学校的学生也纷纷上街进行反饥饿、反内战宣传，华北地区的学生还成立了反饥饿反内战联合会，斗争声势日渐扩大。

当学生运动由反饥饿向着反内战发展，由分散的斗争向着全国性的大风暴汇合时，国民党政府极为恐慌，遂于5月18日发布《维持社会秩序临时办法》，禁止10人以上的请愿和一切罢工、罢课、游行示威，并授权各地政府可以采取"必要措施"进行"紧急处置"。

爱国学生没有屈服，而是进行了更大规模的斗争。5月20日，南京、上海、苏州、杭州的5 000余名学生在南京中央大学会合后，举行了"挽救教育危机联合大游行"，提出了增加伙食、提高教育质量、投资改善教职工生活待遇等合理要求。

爱国学生在示威游行中与国民党军警搏斗

当人群行进到珠江路口时，游行队伍遭到国民党宪兵和警察的水枪喷射和棍棒、皮鞭殴打，造成19人重伤，90余人轻伤，20余人被捕，这就是震惊全国的五二〇血案。随后，参加游行的学生在雨中同国民党政府的骑兵巡逻队对峙了整整6个小时，不断高呼"反饥饿、反内战"口号。

同一天，北平各大、中学校的7 000余名学生从北

事实真相

国民党的说辞 五二〇血案发生后，国民党政府为推卸责任，采取"恶人先告状"的方法，由首都（南京）卫戍司令部代司令官张镇出面在当日举行记者招待会，诬蔑学生因游行违反《维持社会秩序临时办法》，而受到校长、教授和警察的劝阻。因学生不听劝阻，故武装宪警才鸣枪示警，警察才以水枪驱散，骑巡才不得不列队阻之。由于学生摩拳擦掌冲击宪警横面，导致秩序紊乱，才出现互殴互扭之状态；还是由于学生在附近商店夺取木棒，向警察攻击，才导致互有受伤者。而实际受伤者中，警察、宪兵达28人，学生仅10余名，宪警较学生更多，而且学生受伤者绝大多数"系皮肤擦伤，经医生敷药后即出院"，情形并不严重。张镇的讲话主题实际就是强调：事件完全由学生挑起，而政府十分体恤学生。

京大学出发，高举"华北学生北平区反饥饿反内战大游行"的横幅，进行了持续5个多小时的声势浩大的示威游行。游行队伍不断高呼"反对饥饿，反对内战""提高教育经费"等口号。与此同时，天津的大、中学生也进行了大规模游行。

五二〇血案在全国引起了强烈反响,各界纷纷声援学生义举,慰问负伤同学,谴责国民党政府的暴行,以各种形式支持和援助学生运动。国民党政府陷入巨大的社会舆论压力中,最终不得不释放全体被捕学生。

五二〇血案没有吓倒决心挽救祖国的热血青年。相反,国民党反动势力的屠杀政策给他们上了一堂生动的政治课,使他们渐渐明白,游行、请愿感动不了国民党当局,单纯地挽救教育危机也是行不通的,摆在人们面前的血淋淋的现实是挽救"死亡"。和平则生,内战则死,民主则生,独裁则亡。因此,争取和平民主开始成为学生运动的首要任务。

4. "反饥饿、反内战、反迫害"运动

"反饥饿、反内战、反迫害"运动是 1947 年由国民党统治区的学生掀起的大规模的反对国民党反动统治的爱国民主运动。

由于国民党当局发动内战,并且规模不断扩大,因

而造成国民党统治区物价暴涨，货币贬值，经济危机加深，人民生活极端困难，不但工农群众深受其害，就连全国各大城市的学生、教师也挣扎在饥饿线上。他们为了生存，要求国民党政府增加教育经费、提高教职员工和学生待遇。

1947年5月，上海、南京等地的学生纷纷组织起来，走上街头示威游行。国民党当局对此采取了镇压手段，在南京、武汉、杭州、上海、北平等地制造了多起流血事件，学生被殴打、被逮捕，甚至被暗杀。但是爱国学生没有屈服，而是冒着生命危险继续奋力抗争。

五二〇血案发生后，中国共产党进一步提出了"反迫害"的口号，把青年学生的反饥饿、反内战运动推向新的阶段，在全国范围内掀起了更大规模的"反饥饿、反内战、反迫害"运动。上海、南京、北平、天津、武汉、重庆、广州、杭州、昆明、济南、沈阳等60多个大中城市的学生纷纷行动起来，举行罢课和上街游行示威。当时的新华社发表时评，指出这次爱国学生运动，在中国近代史上，只有五四运动、五卅运动和一二·九运动

北平学生反饥饿、反内战示威游行队伍经过天安门广场

可以与之相比，而"这次群众运动的规模气概为以往任何时期所未有"。

　　同时，社会各界以及上层爱国民主人士，以各种形式支持和援助学生运动。交通大学、复旦大学、北京大学、清华大学、燕京大学、南开大学等高校的教授纷纷罢教或发表声明，支持学生的正义斗争。郭沫若、柳亚子、马寅初、冯玉祥等社会知名人士分别发表慰问信、题词、演说和告全国同胞书，声讨国民党政府对学生运动的镇压，赞扬学生的爱国民主精神。中国民主同盟、中国民主促进会、三民主义同志联合会南京分会等民主党派和人民团体，分别以致函、捐款等方式慰问学生。国民党统治区的工人、农民、市民也对学生高度同情，从微薄的收入中慷慨解囊，捐款慰问受伤学生。

学生运动与工人、农民、市民的斗争结合在一起，有力地配合了人民解放军反击蒋介石反动军队的作战，沉重打击了国民党的反动统治，为全国解放做出了巨大贡献。

毛泽东主席曾一针见血地指出："中国境内已有了两条战线。蒋介石进犯军和人民解放军的战争，这是第一条战线。现在又出现了第二条战线，这就是伟大的正义的学生运动和蒋介石反动政府之间的尖锐斗争。"学生运动的口号是"要饭吃""要和平""要自由"，即"反饥饿""反内战""反迫害"。学生运动是整个人民运动的一部分，学生运动的高涨不可避免地要促进整个人民运动的高涨。人民解放军的军事斗争和国民党统治区的人民运动相互结合，推动着中国革命走向新高潮。这一时期，中国共产党领导的人民民主统一战线比以往任何时期都更加广泛、更加巩固，而国民党反动派已经陷入完全孤立的困境。

1947 年夏秋，人民解放军从战略防御转入战略进攻后，国民党政府加紧了对统治区人民的疯狂掠夺和血腥镇压。仅 1947 年 10 月，上海、杭州、北平等 8 个城市就有 2 100 余人惨遭杀害，而全国被列入黑名单的竟达 6 万人。整个国民党统治区笼罩在一片白色恐怖中。由于广大人民群众越来越把希望寄托在人民革命战争的胜利上，中共中央根据形势的变化，指示在国民党统治区的中共地下党组织不再提"反内战"的口号，而是在"反饥饿""反迫害"的旗帜下，领导人民继续开展斗争。

第五章

战略反攻

VR融媒党史云课堂
党史学习就在我身边

1. 解放军逐鹿中原

1946 年 7 月至 1947 年 6 月，人民解放战争已进行整整一年，战争形势发生了有利于革命力量的变化。国民党军队的总兵力已由战争开始时的 430 万人减少到 373 万人，其中正规军由 200 万人减少到 150 万人。

与之相反，人民解放军的总兵力已由 127 万人增加到 195 万人，其中野战军由 61 万人发展到 100 万人以上。解放军在粉碎国民党军队的全面进攻后，又挫败了其对山东、陕北的重点进攻，并在晋冀鲁豫、晋察冀、东北等战场转入局部反攻。

为发展人民解放军已取得的有利形势，中共中央和中央军委根据整个战局的发展情况，确定了人民解放军第二年作战的基本任务：举行全国性的反攻，即以主力部队打到外线去，将战争引向国民党统治地区，在外线大量歼敌。

1947年5月至8月，中共中央先后做出了3支野战军采取中央突破战术，转入战略进攻的新部署。即：以刘伯承、邓小平指挥晋冀鲁豫野战军主力为中路，实施中央突破，直趋大别山区；以陈赓、谢富治率领晋冀鲁豫野战军一部挺进豫西，在豫陕鄂边地区发展；以陈毅、粟裕指挥华东野战军主力在豫皖苏边地区发展。三路大军的任务是挺进中原，呈"品"字形阵势展开，创建新的中原解放区，调动国民党军队主力回援，以策应解放区军民作战。

同时，中共中央还决定：以华东野战军一部组成东线兵团，西北野战军为西线兵团，分别在山东和陕北战场钳制敌人，策应3支南进大军的战略突破。这样，就逐步形成"三军配合、两翼牵制、内外线密切配合"的战略进攻态势。

1947年7月至9月，人民解放军各路大军相继由内线转向外线，由战略防御转入战略进攻。战略进攻的主要方向是中原地区，尤其是中原南部的大别山地区。6月30日晚，刘邓大军12万余人一举突破黄河天险，挺进鲁西南，发起了鲁西南战役。在约1个月的时间里，歼敌6万余人，由此揭开了人民解放军战略进攻的序幕。

随后，刘邓大军不经休整，从8月7日起兵分三路向南疾进，开始了千里跃进大别山的壮举。8月末，刘邓大军进入大别山区，在克服极度疲劳、缺乏粮食弹药等严重困难的情况下，当即展开群众工作和对敌斗争。到11月下旬，他们共歼敌3万余人，发动群众建立了33个县的民主政权，初步完成了在大别山区的战略展开。

8月22日晚，陈谢大军挺进豫西。到11月底，他们共歼敌5万余人，建立了39个县的民主政权，在豫陕鄂边地区站稳了脚。9月26日，陈粟大军开始南下，实行分散作战。到11月中旬，他们建立起25个县的民主

刘邓大军千里跃进大别山区

政权，扩大了豫皖苏解放区。

刘邓、陈谢、陈粟三路大军南下作战，在中原地区实施战略展开，使这一地区成为人民解放军夺取全国胜利的前进基地，同时也引起国民党统治集团的极大震惊。

国民党政府立即调动大军对大别山区的解放军进行围攻。刘邓大军巧妙与敌周旋，辗转坚持斗争。同时，陈谢、陈粟大军在各自地区对国民党军队控制下的交通线进行袭扰，吸引围攻大别山的敌军回援。1947年12月30日，三路大军各一部在河南确山地区胜利会师，初步形成了拥有 3 000 万人口的新的中原解放区。

逐鹿中原的人民解放军纵横驰骋于江淮河汉之间，经过 4 个多月的作战，共歼灭国民党军队 19.5 万人，解放县城近百座，吸引和调动南线敌军全部兵力 160 多个旅中的约 90 个旅于自己周围，对于改变整个战争的形势起了决定性的战略作用。

在三路大军南下作战的同时，各解放区的人民解放军也逐渐转入反攻。各战场配合作战，构成了人民解放战争全国规模的战略进攻的总形势。到 1947 年年底，战争已经主要不是在解放区内进行，而是在国民党统治区

历史掌故

逐鹿中原

成语"逐鹿中原"出自《史记·淮阴侯列传》："秦失其鹿，天下共逐之。"逐，意为追赶；鹿，指所要围捕的对象，常比喻帝位、政权。中原，地跨江苏、安徽、河南、湖北、陕西，北枕黄河和陇海路，南临长江，东依运河和津浦路，西迄伏牛山和汉水，面积 30 余万平方千米，被认为是中华民族的发祥地。在中国历史上，中原向来是兵家必争之地。

内进行了。国民党军队被迫由战略进攻转变为全面防御，从而改变了长期以来人民军队在革命战争中所处的战略防御地位。

2. 土地改革运动

伴随各人民解放军部队不断开拓、新建解放区，各解放区的土地改革运动也如火如荼地展开了。

解放区的土地改革运动经历了一个发展变化的过程。还在全面内战爆发前的 1946 年 5 月 4 日，中共中央就发布了《关于土地问题的指示》，即《五四指示》，决定将抗日战争以来，在抗日根据地实行的减租减息政策改为实行"耕者有其田"的政策。

它的基本内容是要坚决支持和引导广大人民群众采取各种适当方法，使地主阶级剥削农民而占有的土地转移到农民手中；用一切方法吸收中农参加运动，绝不侵犯中农土地；一般不变动富农土地，对富农和地主区别看待。

为争取一切可能争取的社会力量，《五四指示》在推行过程中还采取了多项兼顾各方面利益的政策和方法。如：不是无条件没收一切地主的土地，而是除没收和分配极少数大汉奸的土地之外，主要通过清算、减租、减息和献地等方法，使农民从地主手中获得土地；对于那些确定为豪绅、地主成分的抗日军人及抗日干部家属，对于抗日期间不反共的开明绅士，要适当予以照顾；对于中小地主的生活，应给予相当照顾；要给汉奸、豪绅、

翻身农民在分得的土地上插界标

恶霸留下能维持生活所必需的土地；等等。

全面内战爆发后，贯彻《五四指示》成为加强解放区建设的中心问题。各解放区积极开展工作，领导农民废除封建土地制度，把地主占有的大量土地分配给无地、少地农民，使农民在政治上、经济上摆脱了几千年来的封建压迫和剥削。截至 1947 年 2 月，各解放区约有 2/3 的地区实现了"耕者有其田"。

据不完全统计，晋冀鲁豫解放区，至 1946 年 10 月有 2 000 万农民获得土地；晋察冀解放区的冀中地区，至 1946 年年底有 7 012 个村庄完成了土地改革，占村庄总数的 83%；苏皖解放区，至 1946 年 11 月有 1 500 万农民获得土地；东北解放区，至 1946 年 10 月底有 500 万农民获得土地；山东解放区，至 1946 年年底有 1 900 万农民获得土地；晋绥解放区，至 1946 年年底有 100 余万农民获得 300 余万亩土地；陕甘宁解放区，至 1947 年 1 月，在新进行土地改革的 370 多个乡中，有 120 余万亩土地回到农民手中。但是，还有 1/3 的地区，由于战争环境等因素影响，并未进行土地制度改革。已进行土改的地方，有些地区还不够彻底。

解放战争进入第二年后，人民解放军转入战略进攻的新形势，要求解放区更加普遍深入地开展土改运动，以充分调动广大农民的革命和生产积极性。为推动解放区土改运动的进一步发展，1947年7月至9月，中共中央在河北省建屏县（今属平山县）西柏坡村召开了全国土地会议，通过了《中国土地法大纲（草案）》（10月10日正式颁布）。

《中国土地法大纲》明确规定，"废除封建性及半封建性剥削的土地制度，实行耕者有其田的土地制度""废除一切地主的土地所有权""废除一切祠堂、庙宇、寺院、学校、机关及团体的土地所有权""废除一切乡村中在土地制度改革以前的债务"。

这是抗日战争胜利后，中国共产党公开颁布的第一个关于土地制度改革的纲领性文件。它向全中国和全世界人民表明：中国共产党高举反封建的战斗旗帜，为在全国消灭封建剥削的土地制度提供了一个基本纲领。它对于新老解放区的土地改革运动起了巨大的推动作用，

亿万农民在政治上、经济上获得解放后，踊跃参军参战。图为山东广饶新战士合影

并在国民党统治区产生了广泛的政治影响。

《中国土地法大纲》颁布后，各解放区迅速抽调人员，深入农村开展工作，形成了以土地改革为中心的波澜壮阔的群众运动。通过土地改革，在解放区基本消灭了封建土地制度，打碎了几千年来套在农民身上的封建枷锁，使农村各阶级占有的土地大体平均，贫、雇农基本都获得了相当于平均水平的土地。

这一翻天覆地的变化，使亿万农民在政治上、经济上获得了解放，并由此迸发出难以估量的革命热情。他们踊跃参军参战，担负巨大的战争勤务，并以粮草、被服等物资支援自己的子弟兵。据不完全统计，在解放战争的 3 年中，仅晋冀鲁豫解放区参军农民累计就达 148 万人；山东解放区先后有 59 万青年参军，还有 700 万民工随军征战。

总之，在解放区进行的土改运动，使人民解放军有了巩固的后方，获得了战胜国民党反动派的基本保证，为夺取全国胜利提供了源源不断的人力、物力支持。

3. 国民党日薄西山

国民党当局在美国援助下，违背中国人民的利益和愿望，悍然发动全面内战，其结果是不但军事上连遭挫败，而且其统治区的政治、经济危机也越来越严重和突出。这些危机使卖国、内战、独裁的国民党政府无法逃脱失败的命运。

解放战争进行 1 年后，国民党军队的总兵力减少到 373 万人，其中正规军减少到 150 万人；人民解放军的总兵力增加到 195 万人，其中野战军发展到 100 万人以上。在解放战争第 2 年中，国民党军队损失军事力量共计 152 万人，经过大量补充后，虽然总兵力保持在 365 万人左右，其中正规军 198 万人，但大多数士气低落、战斗力不强；与之形成鲜明对比，人民解放军经过两年作战，总兵力已发展到 280 万人，其中正规军（野战军）149 万人，且武器装备大为改善。

随着军事形势的日趋不利，国民党的政治危机愈加严重。为维护专制统治，国民党统治集团大力加强特务活动，加紧迫害和镇压爱国民主力量。砸抢、查抄、非法搜查、暗杀、秘密逮捕和枪决……蒋介石用于制造白色恐怖的手段无所不用其极，这让他越来越处于舆论的风口浪尖，也让他越来越处于四面楚歌的孤立境地。随着国民党内部派系斗争的愈演愈烈，蒋介石渐渐走向穷途末路。

国民党政府的财政经济更加危机深重，并且急剧走向全面崩溃。为适应扩大内战规模的需求，国民党政府的军费开支猛增，造成财政经济入不敷出。

全面内战爆发后，国民党政府的军费开支数额占到整个财政支出的一半以上。1947 年，国民党政府财政总收入约 14 万亿元法币，而总支出却高达 43 万亿元，多出部分只得靠发行货币来弥补。1947 年，国民党政府法币发行量达 30 多万亿元，是 1946 年发行量的 10 倍，是 1945 年抗战结束时的 25 倍。到 1948 年 6 月，国民党政府的财政赤字高达 4 345 656 亿元法币，而当月的财政收

事实真相

强行取缔民盟　中国民主同盟（简称民盟）等民主党派一向主张"以民主的方式争取民主，以合法的行动争取合法的地位"，但国民党当局不断以暴力对其进行迫害。1947年5月，国民党公然诬蔑中国民主同盟等"受中共之命，而准备甘为中共之新的暴乱工具"。10月，国民党当局以"勾结共匪，参加叛乱"和"煽动学潮"等罪名，宣布民盟为"非法团体"，明令对该组织及其成员的一切活动"严加取缔"。11月6日，民盟总部被迫解散。新华社在相关评论中说："民主同盟是一个赤手空拳的组织，他们连'一支枪也没有'，并且不打算有，他们的凭借是言论、出版，而这样的武器也早已被蒋介石没收了"，这就使得"在蒋介石统治下进行任何和平运动、合法运动、改良运动的最后幻想归于破灭"。

入只占支出的 5%，以致印钞厂都来不及印出当日所需要的钞票。

国民政府新疆省银行发行的面额 60 亿元的纸币

国民政府中央银行发行的面额 100 万元的纸币

大量印发纸币，导致物价飞涨，人民生活水平急剧下降。以 1947 年发表的一个 100 元法币购买力变化统计为例，100 元法币在 1937 年可买 2 头牛，1941 年为 1 头猪，1943 年为 1 只鸡，1945 年为 1 条鱼，1946 年为 1 个鸡蛋，1947 年仅为 1/3 盒火柴。

在这种情况下，民族工商业大批倒闭，农业生产大幅度下降。从 1946 年 10 月至 1947 年 2 月，上海、武汉、广州等 20 多个城市的工厂、商店中倒闭的达 2.7 万家。工人、市民、公教人员、学生的生活陷入极度困境。农村经济也急剧衰退，1947 年的农业产量只相当于 1936

1946 年 11 月，国民党政府与美国政府签订《中华民国、美利坚合众国友好通商航海条约》，据此，美国获得了在中国内地旅行、经商、开矿、航行等大量特权。这幅《反对"蒋美商约"连环画》形象地揭露了国民党政府出卖国家主权的奴才行径

年的 33%～40%。农村中饥民遍地，饿殍载道。然而，国民党统治集团仍然在不断加强对各阶层人民的层层盘剥，苛捐杂税多如牛毛，抓兵、拉夫不计其数。

在外交方面，为了取得美国的支持，国民党当局还实施了一系列卖国政策。全面内战爆发后，国民党当局同美国政府签订了许多条约、协定，使中国的领土、领海、领空、关税等主权进一步丧失。

国民党统治集团的内战卖国政策所导致的严重后果，以及这个集团自身的贪污腐化和对人民的横征暴敛，给广大人民带来了深重灾难，也使它自己陷入了严重的政治、经济危机之中。而危机的日益严重，必然会引起各阶层人民的不满和反抗，国民党统治区民怨沸腾，人民革命的高潮正在兴起。

4. "打倒蒋介石，解放全中国"

1946 年 11 月，国民党当局单方面召开"国民大会"，通向国内和平的道路被完全堵塞。事实表明，以蒋介石为首的国民党统治集团决心把内战进行到底。而战争初期的实践证明，人民解放军只要在长期战争中坚持正确的战略方针和作战方法，不断歼灭国民党军队的有生力量，就完全有把握赢得最终胜利。

进入 1947 年以后，中国的内战时局开始向着有利于人民的方向发展，中国人民的解放事业即将发展到全国范围内的反帝反封建斗争的新阶段。这一新阶段的中心任务，就是在解放战争第一年胜利的基础上，赢得第二年作战的胜利，打倒蒋介石，解放全中国，成立民主联合政府，建立一个独立、和平、民主的新中国。

"打倒蒋介石，解放全中国"的口号就是在这样的背景下提出来的。

1946年6月，蒋介石悍然发动全面内战。国民党统治集团把内战灾难强加在中国人民头上，并处心积虑地用一切方法打击并决心消灭中国共产党和一切民主力量。但这只会逼得全国各阶层人民团结起来，坚决打倒蒋介石。11月，中共中央主席毛泽东在分析全国军事形势时指出，蒋介石的攻势是可以战胜的，要以"打倒蒋介石"来最终解决国内问题。从"制止内战，恢复国内和平"到"打倒蒋介石"，中国共产党的战略指导思想发生了根本性的转变。

1947年2月，毛泽东在中央政治局会议上强调，美国和其扶植的蒋介石政权是可以被打败的。但是，当时的中国共产党还不能提出"打倒蒋介石"的口号，这主要有两方面考虑。第一，主客观条件还不具备。蒋介石还有 400 万军队，数量上还优于人民解放军，而且在人民中间，特别是资产阶级及知识分子中间，还存在"谁也消灭不了谁"的想法。第二，出于策略以及民族大义、人道主义方面的考虑，中国共产党在公开宣传上，还是要给蒋介石指出两条道路：或者是顽固不化，以致自取灭亡；或者是重新坐回到谈判桌前，恢复和谈。

随着内战形势向着有利于人民的方向发展，蒋介石统治集团的危机日益加剧，特别是在蒋介石集团冥顽不化的情况下，中国共产党对待蒋介石的态度也变得越来越坚决。

1947 年 4 月，新华社在社论中指出："因为蒋介石要灭亡中国人民，因此中国人民必然团结起来灭亡蒋介石。"7 月 7 日，中共中央在纪念抗日战争爆发 10 周年时提出："全解放区军民团结起来，坚决彻底干净全部地消灭一切蒋介石进犯军。"7 月 21 日至 23 日，中共中央在陕北靖边县小河村召开会议。会上，毛泽东提出：计划用 5 年时间（从 1946 年 7 月算起）解决同蒋介石斗争的问题。

1947 年 7 月，人民解放军开始转入战略进攻，提出"打倒蒋介石"口号的条件完全成熟了。9 月 14 日，新华社发表了题为《人民解放军大举反攻》的社论，第一次公开提出了这一口号："打倒蒋介石才有和平，打倒蒋介石才有饭吃，打倒蒋介石才有民主，打倒蒋介石才有独立。"

1947 年 10 月 10 日，中国人民解放军总部发布《中国人民解放军宣言》，分析了当时的国内政治形势，正式提出"打倒蒋介石，解放全中国"的战略总目标和总口号。

"蒋介石二十年的统治，就是卖国独裁反人民的统治。到了今天，全国绝大多数人民，地无分南北，年无分老幼，都认识了蒋介石的滔天罪恶，盼望本军从速反攻，打倒蒋介石，解放全中国。"这既是人民解放军转入战略进攻的客观要求，也是蒋介石国民党统治集团长期与全国人民为敌的必然结果。

正如周恩来所指出的："蒋介石遭到人民反对，政治上破了产，所以我们应当提出'打倒蒋介石'的口号。

《中国人民解放军宣言》

一方面，我们已用事实证明给老百姓看，我们有力量打倒蒋介石；另一方面，老百姓也不要蒋介石，就连上层分子（除了少数反动集团外）、中产阶级也不想给蒋介石抬轿子了，也要推翻他了。所以这个时候提出'打倒蒋介石'正合时宜。"

第六章

大决战

VR融媒党史云课堂
党史学习就在我身边

1. 辽沈战役

1948年秋，当全国解放战争进入第三年时，中国的军事、政治和经济形势发生了更加有利于人民，而不利于国民党统治集团的变化。

经过两年作战，人民解放军的总兵力由战争开始时的127万人发展到了280万人，其中正规军（野战军）149万人，解放区面积扩展到235.5万平方千米，人口达1.68亿，并且基本完成了土改，广大农民的革命和生产积极性空前高涨，解放军的后方得到进一步巩固。与此相反，国民党军队则由430万人下降为365万人，其中正规军 198 万人，而可用于第一线的兵力仅 170 万人，且士气低落，战斗力不强。在军事上，蒋介石不得不放弃"全面防御"而实行"重点防御"。由于遭到各阶层人民的强烈反对，国民党当局的处境也十分孤立，已经濒临崩溃。这标志着人民解放战争已进入夺取全国胜利的决定性阶段，人民解放军同国民党军队进行战略决战的时机已经成熟。

在毛泽东和中央军委的领导和指挥下，在人民群众的热烈支援下，中国人民解放军先后发动了辽沈、淮海、平津三大战役，打响了决定中国命运的大决战。

到 1948 年秋季，东北解放区已拥有东北地区 97% 以上的土地和 86% 以上的人口，并控制了 95% 的铁路线。东北野战军总兵力约 70 万人，另有地方部队 33 万人，东北地区的 55 万国民党军则被分割在长春、沈阳、锦州等孤立地区。在全国各战场中，东北战场的形势对人民解放军最为有利，已经具备进行战略决战的基本条件。

根据中央军委关于"封闭蒋军在东北，加以各个歼灭"的方针和"主力南下北宁线，首先攻克锦州"的指

示，东北野战军决定发起首个具有战略决战性质的大歼
灭战——辽沈战役。

辽沈战役首先在北宁线打响。北宁线是国民党军连
接山海关内外最重要的陆上通道，锦州则是这条交通要

历史掌故

"战锦方为大问题"

1963年12月16日，罗荣桓元帅不幸逝世。毛泽东怀着沉痛的心情，写就了《七律·吊罗荣桓同志》："记得当年草上飞，红军队里每相违。长征不是难堪日，战锦方为大问题。斥鷃每闻欺大鸟，昆鸡长笑老鹰非。君今不幸离人世，国有疑难可问谁？"诗中"战锦方为大问题"一句的背景就是锦州之战。当时以毛泽东为核心的中央军委一再指出，攻占锦州是东北"整个战局的关键"，但东北野战军司令员林彪对远道南下打锦州顾虑重重，找出种种理由反对，甚至在辽沈战役发起后20天，东北野战军主力已兵临锦州城下之际，仍然提出回师打长春的建议。与此同时，时任东北野战军政委的罗荣桓则主张执行毛泽东和中央军委的战略决策，加之中央又多次对林彪进行开导，林彪才下定"仍攻锦州"的决心并取得了伟大胜利。锦州之战对于解放战争的全局有着举足轻重的作用，可谓一战而关全局，故毛泽东称之为"大问题"。

东北野战军对锦州发起总攻

道上的咽喉，战略地位十分重要。1948年9月12日，东北野战军向北宁线锦州外围各点展开攻势。10月1日，人民解放军攻占义县，切断北宁线，并完成了对锦州国民党军的包围。蒋介石闻讯急令锦西、葫芦岛的18个师组成"东进兵团"，自锦西增援锦州；又从沈阳抽出5个军11个师组成"西进兵团"，自沈阳增援锦州。东北野战军在塔山地区打垮了"东进兵团"数十次冲击，同时将"西进兵团"阻滞在彰武、新立屯一带，为攻打锦州的部队赢得了宝贵时间。

10月9日，在林彪、罗荣桓指挥下，东北野战军5个

林彪（中）、罗荣桓（右）、刘亚楼（左）在前线指挥作战

纵队及炮兵纵队主力约 25 万人开始攻打锦州。15 日，该城被攻克，全歼守军 10 万余人，俘东北"剿总"副总司令范汉杰。与此同时，长春部分守军先后起义和投诚，至 10 月 21 日，东北"剿总"副总司令郑洞国率残部放下武器，长春宣告和平解放。

东北战局的变化令蒋介石寝食难安，他催促"东进兵团"和"西进兵团"按照各自既定的作战方向继续推进，企图重占锦州，打通北宁线，以挽救东北国民党军即将覆没的命运。林彪、罗荣桓立即向中央军委建议，以"西进兵团"作为下一阶段的重点目标，并获批准。据此，东北野战军攻锦主力迅速回师，于 10 月 26 日将"西进兵团"合围、分割在黑山、大虎山地区。经过两天的猛烈攻击，至 28 日全歼该兵团 10 万人，其中包括号称国民党军

《东北日报》印发的《沈阳解放东北解放》号外

队"五大主力"中的两支，即新编第 1 军主力和新编第 6 军全部，俘兵团司令官廖耀湘。随即，东北野战军乘胜疾进，于 11 月 2 日占领沈阳、营口。辽沈战役至此胜利结束。11 月 9 日，锦西、葫芦岛的国民党军队从海上逃跑，东北全境解放。

在辽沈战役中，人民解放军共歼灭国民党精锐部队 47.2 万余人。加上同期在其他各个战场的胜利，1948 年 7 月至 11 月，人民解放军共歼灭国民党军队 100 万人，

使其总兵力下降到 290 万人；人民解放军则增加到 310 万人。至此，人民解放军不但在质量上占有优势，在数量上也取得了优势，改变了长期以来敌强我弱、敌优我劣的基本格局。

毛泽东在谈到辽沈战役的胜利给中国军事形势带来的重大变化时指出："现在看来，只需从现时起，再有一年左右的时间，就可能将国民党反动政府从根本上打倒了。"

2. 淮海战役

还在 1948 年 9 月，人民解放军就在秋季攻势中，经过 8 昼夜的鏖战，攻克了连接华东和华北地区的枢纽——济南，从而使华东、华北两大解放区完全连成一

淮海战役中后方人民群众支前为解放军运送粮食用的独轮车

中共淮海战役总前委领导成员合影，左起为粟裕、邓小平、刘伯承、陈毅、谭震林

片，为解放军南下歼灭徐州地区的国民党军队，进而发起淮海战役，创造了有利的形势和局面。

淮海战役是在以徐州为中心，东起江苏海州，西至河南商丘，北起山东临城（今薛城），南达淮河的广大地区进行的。参加这一战役的有华东、中原两支野战军和华东、中原两军区，以及晋冀鲁豫军区的部分部队，共约 60 万人。国民党军队则在徐州周围地区集结了近 80 万人，其中大多是国民党军队的主力和精锐部队。蒋介石企图利用在徐州交会的津浦、陇海两条铁路线便于机动增援的条件，用重兵堵防的办法阻止解放军南下，以巩固江淮，屏障南京。

当济南战役临近结束时，华东野战军代司令员粟裕就提出了举行淮海战役的建议，主张进攻并歼灭淮阴、淮安和海州、连云港地区的国民党军队，为夺取徐州创造条件。中央军委接受了这一提议，于 1948 年 10 月发出了《关于淮海战役的作战方针》的指示，其

被摧毁的宿县双堆集国民党军防线

淮海战役中人民解放军缴获的国民党军第七兵团司令黄百韬的手表

中指出：淮海战役为南线空前大战，"此战胜利不但长江以北局面大定，即全国局面亦可基本上解决"。为统筹这一战役的作战和地方支援前线等工作事宜，中央军委决定由刘伯承、陈毅、邓小平、粟裕、谭震林组成总前敌委员会，由刘伯承、陈毅、邓小平为常委，临机处置一切。

淮海战役于11月6日发起，至22日为战役的第一阶段。在这一阶段，华东野战军在碾庄圩地区歼灭黄百韬兵团约10万人，击毙兵团司令官黄百韬。11月8日，国民党军官何基沣、张克侠（均为中共地下党员）率2.3万人起义，为战役顺利进行创造了极为有利的条件。11月15日，中原野战军攻克宿县，会同华东野战军一部切断徐蚌线，完成了对徐州的包围。

11月23日至12月15日，是淮海战役的第二阶段。

在这一阶段中，中原野战军及华东野战军一部在宿县西南的双堆集地区包围并歼灭了国民党增援部队黄维兵团12万人，生俘兵团司令官黄维。在徐州国民党军3个兵团30万人突围时，华东野战军主力又将其合围于陈官庄地区，并歼灭了其中的2个军大部约4万人。

12月16日至1949年1月10日，是淮海战役的第三阶段。在这一阶段，淮海战场前线的解放军按照中央军委指示，暂停对包围敌军的攻击，转入战地休整，同时对国民党军队展开强大的政治攻势，敦促其缴械投降。由于饥寒交加，军心动摇，国民党军一度出现整排、整连甚至整营向人民解放军投诚的情况。1949年1月6日，华东野战军向拒不投降的敌人发起总攻，经过4天激战，歼灭约20万人，俘虏徐州"剿总"副总司令杜聿明。至此，淮海战役以人民解放军的大获全胜而结束。

淮海战役是解放战争战略决战三大战役中起着承前启后作用的第二个大战役，也是三大战役中在战场兵力对比上敌人占相对优势的情况下进行的一次战役。

在战役中，人民解放军经过 66 天的艰苦战斗，歼灭了国民党军队 5 个兵团和 1 个绥靖区部队，计 22 个军 56 个师，共 55.5 万人，其中包括国民党军队"五大主力"中的第 5 军和第 18 军，使蒋介石在南线的精锐部队

事实真相

被俘虏的"军需官" 淮海战役发起后，蒋介石将集结在南线的精锐主力部队全部投入战场，但连遭重创。黄百韬、黄维兵团相继被歼，徐州"剿总"副总司令杜聿明所部 30 万人也被重重包围于陈官庄、青龙集地区。1948 年 12 月 17 日，毛泽东发表《敦促杜聿明等投降书》，对被围困的国民党军展开强大的政治攻势。此后 20 天中，向人民解放军投诚的国民党军达 1.5 万余人。1 月 6 日，解放军向顽敌发起总攻，9 日攻入杜聿明的指挥中心。杜聿明仅带着副官、卫士等 10 余人仓皇逃走，但没逃多远就被解放军的搜寻人员拦住。副官连忙解围："我是尹东生，《徐州日报》随军记者……这位是 13 兵团高军需。"说完他赶紧掏出事先做好的假证件。"高军需叫什么名字？"解放军士兵继续盘问。"我叫高文明。"杜聿明答。"13 兵团有几大处？各处处长名字叫什么？"盘问之下，杜聿明终于露出破绽，束手被俘。

消亡殆尽。

淮海战役的胜利，使长江以北的华东、中原地区基本上获得解放，使国民党反动统治的中心地带——南京、上海直接暴露在人民解放军的铁拳面前，为解放军渡江作战创造了极为有利的条件。

3. 平津战役

人民解放军经过 1948 年 9、10 两个月的作战，从根本上改变了敌我形势，特别是济南战役和辽沈战役的胜利，表明人民解放军不但可以攻克国民党军强固设防的城市，而且能够一次包围和歼灭十万、甚至几十万人的国民党精锐兵团，作战能力有了极大提高。

辽沈战役后，中国华北地区尚有国民党军华北"剿总"傅作义集团 50 余万人，分布在东起北宁路山海关、西迄平绥路张家口的长达 500 余千米的狭长地带上，面临着被东北、华北解放军联合打击的形势。

1948 年 11 月 4 日，蒋介石召傅作义到南京商议对

聂荣臻、林彪（中）、罗荣桓（右）在研究作战方案

策。蒋、傅二人都认为，东北野战军在辽沈战役后需要
3个月到半年左右的休整时间，之后才能入关作战。在
此之前，华北的国民党军队尚能自保。因此，他们决定
暂时固守北平、天津、张家口地区，同时确保塘沽海口，
以观战局变化。据此，傅作义收缩兵力，调整部署，从
11月中旬开始，先后放弃承德、保定、山海关、秦皇岛
等地，以加强张家口、北平、天津、塘沽的防卫，保证
西撤或南逃的通道。蒋介石以为这样就可以暂时牵制东
北、华北的解放军，取得部署长江防线和训练新兵所需

的时间。

针对平、津国民党军队的动向，为就地歼灭傅作义集团，中央军委于11月18日电令东北野战军立即结束休整，提前在21日或22日取捷径，以最快速度隐蔽入关，突然包围唐山、塘沽、天津的国民党军队。同时，中央军委还令华北、华东地区的人民军队暂停或暂缓军事行动，以此迷惑和稳住傅作义集团。11月23日至26日，东北野战军主力南下，分别从喜峰口、冷口、山海关入关，又连续行军半个月至20天。12月20日前，主力部队全部抵达平津前线，同时随军入关的还有15万东北民工。

参加平津战役的部队有东北野战军约80万人，华北军区第二、第三兵团约13万人，连同东北、华北军区地方部队，共约100万人。1948年11月29日，东北、华北人民解放军发起平津战役。

华北军区第二、第三兵团和东北野战军先遣兵团，相继向平绥路平张段及张家口外围的国民党守军发起进攻，并于12月上旬，歼灭平绥路东段傅作义部的

5 个师，将其主力包围在张家口、新保安地区，切断了傅作义集团西撤绥远的通道。从 12 月 12 日起，东北野战军陆续到达平津前线，到 21 日完成对北平、天津、塘沽国民党军队的战略包围和战役分割，截断了其经塘沽由海上南逃的道路，为各个歼灭敌人创造了有利条件。

从 12 月 21 日起，人民解放军连克西线的新保安、张家口，歼灭了傅作义部主力一部。在东线，经过周密准备和部署，在天津警备司令陈长捷拒绝投降的情况下，人民解放军于 1949 年 1 月 14 日对天津发起总攻，至 15 日全歼国民党守军 13 万余人，俘虏陈长捷，解放了华北第二大城市天津。17 日，塘沽守敌乘船南逃，塘沽解放。至此，孤守北平的傅作义部 25 万人已完全陷入绝境。

傅作义从 1948 年 11 月起，曾几次派人同解放军接触，表示愿意和谈，但实际上仍摇摆于战与和之间。为保护北平这座驰名世界的文化古都免遭战火破坏，中共中央力求以和平方式解放北平，并为此向傅作义提出积

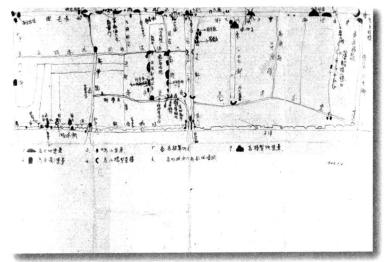

中共北平地下工作者绘制的北平市内国民党军驻地
及城堡分布位置要图

极建议，通过多条渠道做傅作义的工作。在此过程中，中共北平地下组织开展了发动群众、侦察北平城防部署等大量工作，为和平解放北平做出了重要贡献。

天津解放后，90万人民解放军兵临北平城下。经过解放军和中共北平地下组织的耐心工作以及北平开明人士的敦促，傅作义终于接受了解放军提出的和平条件。1949年1月21日，双方签订《关于和平解决北平问题的协议》。1月31日，在北平原国民党守军撤离市区后，人民解放军进驻北平城，北平宣告和平解放。至此，平

人民解放军举行北平入城式

津战役胜利结束。

平津战役历时 64 天，人民解放军共歼灭和改编国民党军队 52 万余人，使华北地区除归绥、太原、大同、安阳、新乡等少数据点外，全部获得解放，并使华北、东北两大解放区完全连成一片。

辽沈、淮海、平津三大战役，从 1948 年 9 月 12 日开始，到 1949 年 1 月 31 日结束，共历时 142 天。人民解放军以伤亡 24 万人的代价，歼灭国民党正规军 144 个

国画《北平解放》，叶浅予 1959 年作

师、非正规军 29 个师，合计 154 万余人。国民党赖以维持其反动统治的主要军事力量基本上被摧毁。

三大战役，无论是战争的规模或取得的成果，在中国战争史上都是空前的，在世界战争史上也是罕见的。三大战役的胜利，是人民战争的胜利，是毛泽东军事思想的胜利，是全国胜利的前奏。

第七章

全国解放

VR融媒党史云课堂
党史学习就在我身边

1. 中共七届二中全会

在中国人民的解放事业赢得全国性胜利的前夕，1949 年 3 月 5 日至 13 日，中国共产党在河北省平山县西柏坡村召开了第七届中央委员会第二次全体会议，即七届二中全会。

出席这次全会的有中央委员 34 人（中央委员出缺 4 人，由候补中央委员递补出席 3 人），候补中央委员 19 人，列席会议 11 人。全会主席团由毛泽东、刘少奇、周恩来、朱德、任弼时组成。毛泽东主席主持会议并向全会做了《在中国共产党第七届中央委员会第二次全体会议上的报告》。全会听取并讨论了毛泽东的报告，批准了1945 年 6 月七届一中全会以来中央政治局的工作，批准了由中国共产党发起的关于召开新的政治协商会议及成立民主联合政府的建议，批准了毛泽东关于以 8 项条件作为与南京政府进行和平谈判的基础的声明，并根据毛泽东的报告通过了相应决议。

毛泽东指出：在全国胜利的局面下，党的工作重心必须由乡村转移到城市，城市工作必须以生产建设为中心。同时，毛泽东的报告规定了党在全国胜利以后，在政治、经济、外交方面应当采取的基本政策，特别着重地分析了当时中国经济各种成分的状况和党所必须采取的正确政策。毛泽东也估计了中国人民民主革命胜利以后的国内外阶级斗争的新形势，并及时警告：资产阶级的"糖衣炮弹"将成为无产阶级的主要危险。

全会着重讨论了党的工作重心的战略转移，即工作重心由乡村转移到城市的问题。全会指出，党用"乡村包围城市"的时代已经结束，现在要开始由城市到乡村，并由城市领导乡村的时期。当然，城乡必须兼顾，但是工作重心必须放在城市，要学会管理城市和建设城市。在领导城市工作时，党必须全心全意依靠工人阶级，团结其他劳动群众，争取知识分子，争取尽可能多的民族资产阶级及其代表人物。同时，党要立即开始着手建设事业，学会管理城市，并将恢复和发展城市中的生产作为中心任务。城市中的其他工作都必须围绕着生产建设这个中心工作并为这个中心工作服务。

全会充分研究了经济政策问题。全会指出，当前，全国工农业总产值中，现代工业大约占10%，其中最大和最主要的部分都集中在官僚资产阶级手里，没收这些资本归人民共和国所有，就可以使社会主义性质的国有经济成为整个国民经济的领导成分。而占到90%的分散的个体农业和手工业，在今后很长时间内必须逐步、积极地引导它们向着现代化和集体化的方向发展。此外，私人资本主义经济是不可忽视的力量，需要尽可能地利用私人资本主义的积极性，同时，要对它不利于国计民生的消极作用进行限制。

全会科学分析了中国所面临的国内外基本矛盾问题。

毛泽东在七届二中全会上做报告

全会指出，革命在取得全国胜利并解决土地问题以后，中国仍存在着两种基本矛盾：国内是工人阶级和资产阶级的矛盾，国外是中国和帝国主义国家的矛盾。因此，工人阶级领导的国家政权不能削弱，必须强化。

全会强调，应加强党的思想建设，防止资产阶级思想侵蚀党的队伍。全会提醒全党要警惕骄傲自满、以功臣自居的情绪的滋长，警惕资产阶级用"糖衣裹着的炮弹"进行的攻击，全党同志务必继续地保持谦虚、谨慎、不骄、不躁的作风，务必继续地保持艰苦奋斗的作风。全会还根据毛泽东的提议，做出了禁止给党的领导者祝寿和用党的领导者的名字作地名等规定。

七届二中全会召开于中国革命转折关头，及时且具有重大历史意义。这次会议的主要精神表明，虽然中国共产党已经考虑到中国"由新民主主义社会发展到将来的社会主义社会"的问题，但党所确立的是在革命胜利后建设新民主主义社会的蓝图。依据这一精神，会议所做出的各项政策规定，不仅对迎接中国革命在全国的胜利，而且对新中国的建设事业，也具有战略指导作用。

2. 北平和谈

经过两年半的人民解放战争，到 1949 年年初，国民党在军事上遭到重创和削弱。特别是辽沈、淮海、平津三大战役后，国民党的精锐部队丧失殆尽，人民解放军即将渡过长江。同时，国民党在政治、经济、外交等方面也陷入严重危机，内部派系斗争更是愈演愈烈。所有这一切，都预示人民解放战争即将迎来最后的胜利。

然而，反动势力是不会心甘情愿退出历史舞台的，势必进行殊死一搏。在三大战役进行期间以及结束以后，国民党统治集团发动了一场"和平攻势"，企图利用和平谈判的手段，达到"划江而治"的目的，以此争取喘息时间，保存残余的反革命势力，伺机卷土重来。

1949 年元旦，蒋介石发表《新年文告》，表示愿与中国共产党进行"和谈"，商讨停止战事、恢复和平的具体办法，并声称只要和平能够实现，绝不计较个人进退。但同时，他又提出要以保存伪宪法、伪法统及反动军队等作为谈判条件。这就暴露了他的求和声明的虚伪性。

为彻底揭露蒋介石的"和谈"阴谋，1月14日，毛泽东以中共中央主席名义发表了《关于时局的声明》，表示虽然人民解放军有足够的力量能在不久的时间内全部消灭国民党政府的残余军事力量，"但是，为了迅速结束战争，实现真正的和平，减少人民的痛苦，中国共产党愿意和南京国民党反动政府及其他任何国民党地方政府和军事集团，在下列条件的基础之上进行和平谈判。这些条件是：（一）惩办战争罪犯；（二）废除伪宪法；（三）废除伪法统；（四）依据民主原则改编一切反动军队；（五）没收官僚资本；（六）改革土地制度；（七）废除卖国条约；（八）召开没有反动分子参加的政治协商会议，成立民主联合政府，接收南京国民党反动政府及其所属各级政府的一切权力"。

这一声明表达了人民的意愿和心声，获得全国人民和各民主党派的热烈拥护。

1月21日，蒋介石被迫宣布"引退"，由"副总统"李宗仁代理其"总统"职务。表面上看，蒋介石已经下野，而实际上，他仍然操纵着国民党政府的党政军大权，积极为伺机反攻和败走台湾做准备。

李宗仁上台后的第二天，即以"代总统"身份表示愿以中共的8项条件为基础，进行和平谈判。他一面邀请民主人士协助推进和谈，一面推行部分政策、法令迎合民众，做足了表面功夫。而背地里，李宗仁政府所制

历史掌故

蒋介石下野

蒋介石在"离职"前，对国民党政府的人员配备进行了周密的部署和安排，如任命陈诚为台湾省主席兼台湾警备司令，蒋经国为台湾省国民党党部主任委员，汤恩伯为京沪杭警备总司令，朱绍良为福州绥靖公署主任兼福建省主席，方天为江西省主席，余汉谋为广州绥靖公署主任，薛岳为广东省主席，张群为重庆绥靖公署主任等。他将长江以南地区的党政军大权交给这些心腹、亲信，以确保其"引退"后照样能得心应手地在这些地方部署军事力量、调动军队、指挥作战。蒋介石的"引退"实际上只是暂时离开南京，因为他仍然是国民党的总裁和国民政府"总统"，国民党和国民政府的实权仍操纵在蒋介石及其集团手中。

定的和谈的基本原则是绝不能全面接受中共的 8 项条件，只能在两个政府共存的原则下进行谈判。李宗仁的真实目的是依靠美国的支持，阻止人民解放军渡过长江，确保长江以南各省及西北的一些地区实现"划江而治"的局面。

1949 年 4 月 1 日起，以周恩来为首席代表的中共和谈代表团和以张治中为首席代表的南京政府和谈代表团，在北平开始和谈。双方代表进行了广泛商谈，主要就战犯问题和解放军渡江问题交换了意见。

周恩来在国共和谈会上讲话

中共代表坚持，无论和谈成功与否解放军都必须渡江，但在战犯处理、对待国民党政府和军队人员以及联合政府组成等问题上，可以照顾到国民党各方的情况，做宽大处理和适宜解决。4月15日，中共代表团在尽可能采纳南京政府代表团提出的意见后，提出了共8条24款的《国内和平协定最后修正案》，宣布4月20日为最后签字日期。

结果，李宗仁在向蒋介石请示以后，对《国内和平协定最后修正案》予以了全面拒绝。在规定的最后签字日期4月20日到来之际，李宗仁要求中共取消《协定》，同时提出先拟一个"临时停战协定"的要求，并最终决定拒绝在《协定》上签字。国共两党的"北平和谈"终告破裂。

3. 百万雄师过大江

早在淮海战役临近结束时，蒋介石就已经决定放弃淮河防线，将长江以北的残余军队撤至长江以南。接着，他又在"和谈"掩护下，加紧部署长江防线。当时，国民党军队在从湖北宜昌到上海的 1 800 余千米的长江沿线上共部署了约 70 万兵力，还有 120 余艘各种海军舰艇、280 多架飞机支援作战。蒋介石幻想着依靠长江天险和海空军优势，阻止人民解放军渡江南进。

针对国民党军队在长江以南的布防情况，中共中央军委做了认真的分析研究和安排部署，决定以第二、第三野战军及地方部队共 100 万人，首先在长江下游发起渡江作战；以第四野战军一部 12 万人组成先遣兵团，在平津战役结束后迅速南下，参加渡江作战。同时，军委决定由淮海战役总前委行使领导渡江战役的职能。

1949 年 3 月下旬，总前委制定出《京沪杭战役实施纲要》，决定组成由粟裕、谭震林、刘伯承分别指挥的东、中、西 3 个突击集团，在江苏江阴至江西湖口间 500 余千米的地段上，有重点地分路突破国民党军队的江防，另以第四野战军先遣兵团归西突击集团指挥，策应第二、第三野战军渡江。

人民解放军为渡江作战进行了充分的准备，大家一

《国内和平协定最后修正案》

方面克服广大指战员大都来自北

方，不习水战的困难，另一方

面积极做船主、船工的工作。

许多船主、船工把隐藏的帆

船主动献出来，战士们又把

敌人破坏、沉入江底的船只打捞上

来补修，同时还日夜赶造船只，从而解决了人民解放军

渡江工具的问题。

南京国民党政府拒绝在《国内和平协定最后修正案》

上签字后，1949 年 4 月 21 日，中国人民革命军事委员

会主席毛泽东、中国人民解放军总司令朱德发布了《向

全国进军的命令》，命令人民解放军"奋勇前进，坚决、

彻底、干净、全部地歼灭中国境内一切敢于抵抗的国民

党反动派，解放全国人民，保卫中国领土主权的独立和

完整"。

1949 年 4 月 20 日 20 时，人民解放军中突击集团

首先渡江，并迅速突破安庆、芜湖间的防线。4月21日晚，东、西两突击集团分别从镇江、江阴间和贵池、湖口间渡江。

人民解放军以木帆船为主要渡江工具，广大指战员发扬英勇顽强、有进无退的战斗作风，不顾国民党军队陆海空协同的炮火阻击和多次反扑，千帆齐发，万舸争进，终于在22日胜利突破了国民党军队近千里的江防阵

百万雄师过大江

地，登上南岸，并争取了江阴要塞守军起义，控制了江阴炮台，封锁了长江。

当渡江作战即将发起时，4月20日9时，英国"紫石英"号军舰曾擅自闯入人民解放军防线，且不顾解放军警告，导致双方发生激烈炮战。"紫石英"号遭重创后搁浅于镇江江面，随后赶来接应的3艘英国军舰亦被解放军炮火击伤，尔后逃走。

人民解放军突破长江防线后，于4月23日解放了国民党反动统治中心——南京。国民党政府留在南京的许多机构仓皇迁移广州，"代总统"李宗仁逃往桂林。渡江战役第一阶段突破江防的任务胜利完成。

南京解放后，人民解放军东、中、西突击集团及第四野战军先遣兵团继续追击敌军，于5月上旬解放杭州、金华、孝感等城市，成功切断国民党军汤恩伯与白崇禧两集团的联系。渡江战役第二阶段结束。

随着人民解放军的胜利挺进，约有20万国民党军退守上海及周围地区。5月12日，第三野战军主力对上海外围发起进攻，逼迫敌人退出主要市区，然后加以聚歼。

历史掌故

人民解放军四大野战军

中国人民解放军序列中单独建立建制的四大野战军（即一野、二野、三野、四野），诞生于解放战争时期我军转入战略反攻之际。第一野战军由抗日战争时期的陕甘宁晋绥联防军主力部队逐步发展而成，彭德怀为司令员兼政治委员，总兵力约 11.6 万余人。第二野战军由抗日战争时期在晋冀鲁豫边区的八路军及地方部队逐步发展而成，刘伯承任司令员，邓小平任政治委员，总兵力约 28 万余人。第三野战军由抗日战争时期在华中的新四军大部和在山东的八路军一部逐步发展而成，陈毅任司令员兼政治委员，总兵力约 58 万余人。第四野战军由抗日战争转入大反攻后挺进东北的八路军、新四军各一部及东北抗日联军逐步发展而成，林彪任司令员，罗荣桓任政治委员，总兵力约 90 万余人。

23 日，解放军发起了对上海的总攻，至 27 日，除 5 万人登舰逃跑外，15 万国民党军全部投降或被歼灭。上海宣告解放。

与此同时，第四野战军先遣兵团解放了汉口、武昌和汉阳，第二野战军先后解放了九江、南昌。6 月 2 日，人民解放军解放了长江口外的崇明岛。至此，渡江战役胜利结束。

4. 解放南京

由于南京国民党政府拒绝在《国内和平协定最后修正案》上签字，1949 年 4 月 20 日晚，人民解放军发起渡江战役，百万雄师逼近国民党反动统治的中心地带南京、上海。

早在人民解放军发起渡江战役之前，国民党统治集团就不断加强对南京、上海、杭州地区的控制，妄图阻止解放军渡江南进。但是，当解放军突破长江防线后，沿江守敌张皇失措、望风而逃，纷纷向南逃窜。

人民解放军在突破敌人吹嘘的"千里江防"的同时，按照毛泽东主席提出的迅速集中优势兵力，先求歼灭敌人，然后过江直捣南京的作战方针，于 4 月 23 日晨占领与南京隔江而望的直接屏障——浦口和浦镇，随即渡过长江，直逼南京。

与此同时，南京国民党政府要员作鸟兽散，携家眷四散奔逃。4月22日，国民党政府总统府和行政院撤往广州；23日晨，行政院长何应钦逃往上海，"代总统"李宗仁飞往桂林。国民党军撤离时，放火焚烧了城内的许多房屋，致使南京城内一片混乱和狼藉。

23日下午，解放军前哨部队进抵南京东部，由和平门入城，国民党反动统治的中心——南京宣告解放。南京的解放，标志着国民党22年反动统治的崩溃，南京国民政府在大陆覆灭。

从24日0时起，解放军以整齐的队列源源不断地开入市区，受到南京市民的热烈欢迎。此时距人民解放军发起渡江战役仅仅过去3天时间。

当年参加解放南京战斗的战士在回忆文章《红旗插上南京城》中是这样描写蒋家王朝末日的："踏进这个大门，满目是朱红油漆的柱子和华丽的长廊。'总统府'俨然是一个封建王朝的皇宫。地上、走廊里碎纸乱飞，一片狼藉。走进最里头一幢房子，便看见了蒋介石的'宝座'。写字台的日历，翻开到'四月二十二日'。它好像

人民解放军攻占总统府

摊开双手，对我们说，请看，这是反动王朝的末日！"

　　这一天，人民解放军全部控制了南京及其外围，国民党海军第二舰队所属的 25 艘军舰在南京附近的江面宣告起义。

　　4 月 25 日，南京市军事管制委员会成立，由刘伯承、宋任穷分别担任正、副主任，刘伯承兼任南京市市长。同一天，《人民日报》刊登新华社题为《庆祝南京解放》的社论，指出："南京的解放正式地表示了国民党统治的灭亡。"

5月1日，中共中央为南京解放发出贺电："南京迅获解放，国民党反动统治从此宣告灭亡，江南千百万人民迅即重见天日，全国欢腾，环球鼓舞。此皆我前线将士英勇善战，后方军民努力支援，江南民众奋起协助，其他野战军地方军一致配合行动所获的结果……"

当全国军民欢天喜地庆祝南京解放之际，毛泽东挥笔写下《七律·人民解放军占领南京》：

> 钟山风雨起苍黄，百万雄师过大江。
> 虎踞龙盘今胜昔，天翻地覆慨而慷。
> 宜将剩勇追穷寇，不可沽名学霸王。
> 天若有情天亦老，人间正道是沧桑。